どうぶつのお墓をなぜつくるか

ペット埋葬の源流・動物塚

依田賢太郎

社会評論社

――詳しく調べると、日本には、実験動物の慰霊碑以外にも、昔から多くの動物の墓や碑があることがわかりました。人間と同じように動物を弔《とむら》うのは、自分も自然の一部と考える日本人の自然観に基づいていると考えられます。

どうぶつのお墓をなぜつくるか／目次

はじめに 7

第1章 種類 12
10種に分類される動物塚。実験、犠牲、食用・素材、ペット…。見え隠れする自然観とは。

第2章 塚一覧 38
これまでの調査一覧。全国にはまだ沢山の塚がある。関心はつきません。

第3章 物語 56
動物塚には人間との関わりを示す興味深い物語が古くから残されています。

第4章 形式 112
時代によって形を変える動物塚。建立した人間の思いや立場がそこに関係しています。

第5章 写真
ここからは実際に写真で見てゆきましょう。
足を運んで撮りためた動物塚の数々。 117

第6章 系譜
動物塚の源流は、縄文時代にまでさかのぼる。
動物の死に対するオソレとケガレ。 164

第7章 外国での動物事情
世界の動物観は決して一様ではない。日本でもまた変化の兆しが現れている。 174

おわりに〜
動物塚が語る「いのちの物語」 177

付録
和暦・西暦対応表 190
参考文献一覧 191
英文アブストラクト 197

・引用文中の和暦に関して、明治以降はとくに西暦を補わず、本書巻末に和暦西暦の対応表を掲載してその代わりとします。

はじめに

◉動物塚調査の一里塚として

日本人は塚や碑を建てるのが好きらしく、いたるところに塚や碑がある。筆塚、経塚、耳塚、首塚、将軍塚、千人《せんにん》塚、十三《じゅうさん》塚、狐塚、蛇塚、蕎麦《そば》塚、庚申《こうしん》塚、一里塚などはよく知られている。また、供養も盛んで針供養、下駄《げた》供養、人形供養、筆供養、時計供養、鰻《うなぎ》供養などの年中行事がある。

あることがきっかけで、動物実験が行われている日本の大学などの施設には、決まって実験動物の慰霊碑や供養碑があることを知った。欧米では見られない現象なので、なぜ日本人はこのような碑を建立するのだろうかと不思議に思って調べてみると、実験動物以外にも多くの動物の慰霊碑や墓があることが判った。それらを「動物塚」と呼ぶことにするが、動物塚には特定の動物個体を埋葬した墓と、不特定多数の動物の慰霊や供養のために建てられた碑とがある。そこで、それら動物塚の建立の動機を知るために現地調査と文献調査を行うことを思い立った。しかし北海道から沖縄まで広がりのある日本列島を短期間に、しかも仕事の合間に個人で現地調査することは不可能である。

そこで、古くから開けていた東海道沿線を中心に二〇〇〇年から二〇〇六年にわたって少しずつ調査し、その結果についての論考を学術雑誌に発表してきた。本書はその論文を一冊の本に纏《まと》め、一里塚としたものである。

調査に際しては、建立の動機を抽出することに主眼を置き、できる限り多数の動物種を取り上げ、塚の形式についても多くの種類が含まれるように配慮した。従って、同種の塚の網羅的調査は避けざるを得なかった。網羅性、系統性、地域特性の分析などは今後の調査に期したい。鯨や海亀の墓については、系統的調査が行われ、資料もかなり整備されているが、その他の動物についてはあまり調査が行われていないのが現状である。

動物塚の調査を続け、その建立の動機を探っているうちに日本人の動物観が、欧米人の人と動物の垂直型・断続的動物観とは異なり、水平型・連続的動物観であることが明らかになった。つまり、日本人は身近な家畜を家族の一員のように考え、扱ってきた。また、野生動物とも適度な距離を保って共生してきた。しかも、それは宗教や国家が発生する遥かに前の縄文の昔から続いていたのであり、丁重に埋葬された縄文犬やウリボウ（猪の子）の墓に動物塚の源流があったのである。動物塚の形式が、縄文時代から現代まで同時代の人墓の形式と同じであることは、日本人の人と動物との連続的動物観を実証している。

この本に登場する動物塚の数は百数十個所であるが、それは日本に現存する動物塚のほんの一部である。それら現存する動物塚は、形あるものの常として、やがて朽ち果てる運命にある。しかし、人と自然との相互作用によって育まれ、縄文の昔から現代まで連綿として日本人の深層心理の中に流れている心性は自然科学的真理の洗礼を受け続けて行く限り、新しい文明の荒波に揉《も》まれても容易には失われないであろう。なぜなら、真理を追求する人間の自然との聖なる体験は一人一人の人間によって繰り返されるからである。そして、この心性は人類の行く手に立ちはだかる環境問題、資源エネルギー問題、さらには太陽活動の激化と終焉といった難問を乗り越えるためのヒントを与えてくれるに相違ない。未来を展望しつつ現在を生きる私たちが二度と戻れない過去と対話するのは、歴史の中に啓示されたあらゆるものの中に絶望を希望に変える心性を見いだすためである。

◎本書における動物塚の定義

塚の定義は曖昧であるが、広辞苑によると「土を高く盛ってきずいた墓。また単に墓のこと」となっている。したがって、動物塚とは動物の墓のことである。本書において取り上げた動物塚も基本的には動物の墓であるが、特定の動物個体を埋葬した塚と、不特定多数の動物の供養や慰霊のために碑だけを設置した塚とがある。他に、神の依代《よりしろ》としての塚と伝説の動物や文学などに登場する動物の塚がある。動物塚の名称には供養、慰霊という宗教用語が用いられることが多いが、用語の厳密な使い分けは認められない。

傾向として、供養は野生動物の狩猟などに関連した塚に用いられ、比較的古くから塚が建立され、仏教の殺生戒《せっしょうかい》などの影響を受けてきたものと考えられる。これに対し、慰霊は産業に関連した比較的新しい塚に多く用いられ、どちらかといえば神道の影響を受けているものと考えられる。

つまり、大まかにいえば、人の葬儀、先祖供養、墓など来世関連は仏教的であり、誕生、入学、就職、結婚、出世、戦勝、商売繁盛、家内安全など現世利益関連は神道的であることと関係がある。実験動物や動物園・水族館などは公共的・中立的な立場から慰霊が選択されているものと推定される。自然に近い状態の動物を家族レベルの規模で利用していた状態（例えば、農耕、狩猟、毛皮採取、番犬、家畜など）から人工化された組織的利用状態（例えば、軍用、競走馬、乳業、畜産業、養殖《ようしょく》業、水産漁業、ペット産業、実験動物、動物園、水族館など）へと変化するに従い、塚の名称にも変化が認められる。また、まれに神道用語の鎮魂が用いられる事もある。

この研究で原則的に除外したものは、①動物の顕彰像。例えば、忠犬ハチ公像（渋谷、大館）、駿馬像（新宿）、太田道灌の猫像（新宿）、愛犬トビー像（熱海）、孝行犬像（三島）、早太郎像（駒ヶ根、磐田）、三冠馬シンザン像（淀、栗東）、南極観測樺太犬記念碑（稚内）などがあり、②動物神仏、例えば、山桜神社（高山）、猫地蔵（新宿）、白兎神社（鳥取）、馬頭観音（各地）などがある。

動物の墓以外のものが、動物塚と呼ばれるようになった経緯は明らかではないが、日本人は身近なものに心を通わせる文化を持っているために、動物以外でも、使い慣れた筆、人形、時計、印章《いんしょう》、扇、針、鋏《はさみ》などを捨てるのが忍びなく、供養や慰霊をしたり、碑を建てたりする。道具などの供養の始まりは、そのような心情に対して宗教者が道具などに使った人の霊が移ったり、道具自身にも霊が宿るとし、粗末に扱って災いが及ぶことがないように鎮魂儀礼をすすめたことにあると考えられている。また、伝説の動物や詩歌に歌われた動物を身近に感じ、記念碑としての意味合いから、句をしたためた短冊などを埋め、碑を建てて、それを塚と呼んだものと推測される。

第1章

種類

10種に分類される動物塚。実験、犠牲、食用・素材、ペット…。見え隠れする自然観とは。

◉建立動機の分類

現存する一五〇余りの動物塚を調査した結果、塚の建立は古代から現代までにわたっていて、動物塚の問題は決して過去の問題ではないことが判明した。そして、それぞれの塚には人と動物との関係を示す固有の物語が残されている。調査した動物塚をその建立の動機から分類すると以下のようになる。

① **神仏の祭地、あるいは守り**（狐塚、蛇塚、亀塚など山の神、田の神、海神などの使令《つかわしめ》、眷《けん》属のための塚）

② **動物間の愛情を人への教訓として示す**（孝行犬の墓など）

③ **人に対する忠義への報恩**（犬塚、猫塚、狼塚など）

④ **人の使役への報恩**（籬碑《まがき》、牛塔、鶏塚、猫塚など様々な用途に使用された動物に対する感謝と慰霊のため）

⑤ **犠牲動物の供養、慰霊**（雁塚、鼠塚、鮪塚、波氣都歌、実験動物慰霊碑など自然災害、事故、人間の用のために死んだ動物の慰霊や感謝のため）

⑥ **食用動物の供養、慰霊**（鯨塚、鮟鱇《あんこう》塚、鳥塚、猪供養碑など食用のために殺された動物の慰霊、感謝、業の繁栄祈願）

⑦ **伝説**（白鳥塚、狼塚、鶴塚、猫塚など伝説に登場する動物のため）

⑧ **平和運動などのモニュメント**（鮪塚など）

⑨ **ペットの供養、慰霊**（愛犬トビーの墓、山猫めをと塚、猫塚など）

⑩ **その他**（畜霊碑、蛙塚、水鶏塚など他の分類に属さないものや文学などに関連した動物のため）

なお、一つの塚が複数の動機を有することは少なくないが、主たる動機によって分類した。例えば、狼塚は③、⑦、鮪塚は⑤、⑧、愛犬トビーの墓は⑤、⑨である。

動物塚は宗教的なものと非宗教的なものとに大別でき、その両者が混合したものも見られる。しかし、ほとんどになんらかの宗教的影響がみられ、欧米では考えられないことである。ケラート Kellert は米国社会における人と動物との関係を動物に対する態度によって、自然主義的、生態学的、人道的、道徳的、科学的、審美的、実用的、支配的、否定的の九つの態度に類型化しているが、宗教的態度が含まれていないのが特徴である。自分を自然の一部と考えて一体化したり、山川草木悉有仏性《さんせんそうもくしつうぶっしょう》（中陰經《ちゅういんぎょう》）といったりする日本人の人と動物の連続性の思想とは異なり、欧米では動物を人が支配ないしは世話するものと考えて動物を財産ないしは利用する存在として低く位置づけて人間とは一線を画してきた。したがって、欧米人の動物に対する宗教的態度は古い時代（例えばミネルバ神のフクロウなど）を除いて希薄である。

塚に対する関心の中身にも変化が見られる。供養や慰霊のために建立された塚が信仰の対象として神格化される例が猫神に認められ、時の神として名称も猫塚から猫神に変わり、時計業者が供養を行っている。業者団体の交流やまとまりのために役立っている。鵜塚の例では、供養を鵜庄と地元の俳句の会とが一緒に行うようになったが、これは自然の景観や伝統文化の保存と関連があり、鵜塚は団体の結束のため求心力を与えるモニュメントの役割を担っている。

安土桃山時代より以前に建立された動物塚のほとんどが、静岡以西に残っているが、これは都が奈良、京都にあったことと関係があるものと考えられる。

昭和になると、実験動物、食用動物、展示用動物、ペットなどの慰霊や供養のための塚が数多く建立されるようになった。また、都市化などの影響を受けて消滅したり、移転をやむなくされたものも少なくない。また、文明の発展により人々の関心が薄れた例としては、車社会の到来によって牛馬への依存がなくなった結果として、塚や獣頭観音などへの関心も低くなっている。牛馬安全の守護として、あるいは横死した牛馬の怨念を払うために、おびただしい数の馬頭観音が路傍などに設置されていたが、近年は競馬場以外ではほとんど顧みられない。

動物塚には人間の墓を転用したものがある。例えば、狐塚（守山市古高）、鯨塚（千葉県千倉町千田、長性寺）などがそれに該当する。

人と動物との関係性によって決まる動物観は、自然環境、宗教、文化、科学技術などの社会環境、つまり人と動物をとりまく環境の変化の影響を受けながら変化するので、動物塚建立の動機も変化する。

◉実験動物の碑

実験動物の碑は大まかに二種類あり、一つは実験で犠牲になった動物の慰霊や供養といった宗教的なものであり、もう一つは動物実験の意義を認識するとともに犠牲になる動物のことを考えることにより適切な実験を最小限行うべきことを確認することおよび動物を大切に扱っていることの外部へのピーアールなど非宗教的なものである。

自然科学が著しく発展し、なにごとも理詰めの時代に、宗教心や当たり前なことの確認儀礼が必要であろうかとの考えがあるかもしれない。しかし、数年前に専門家に対して実施した動物実験に関するアンケート結果（依田賢太郎、松尾しのぶ「動物実験の倫理に関する調査研究」『東海大学紀要開発工学部 9』一九九九年より）のなかに、このことに関連して注目すべきことがあった。それは動物実験を行うに際して71％もの人が何らかの罪悪感・抵抗感を持つと回答したことである。そして、その感情の処理として供養を選択する人が多かった（供養41％、気分転換19％、懺悔8％、お清め2％、その他28％など）。

長い日本の歴史のなかで、人と動物の関係や動物観には変遷があったが、すべての文化や宗教の原点において通底する価値観として、生命の尊さと人と動物の共生の肯定がある。二十一世紀に入り、ゲノムやＩＴの時代となっても日本人の深層心理の中に日本人固有の伝統的観念や意識が存在しているものと考えられる。

インド仏教では、死により霊魂は肉体を離れ、中陰を経て、解脱した人の霊魂は成仏し、解脱していない人の霊魂は六道を輪廻転生することになる。転生した霊魂は六道の四番目の畜生界で人間以外の動物に生まれ変わることもありえる。したがって、在家信徒の守るべき五戒の第一にある殺生戒が意味を持つことになる。しかし霊魂のない肉体は単なる物体であるから焼いて捨てられる。

仏教では、中陰の期間以外には霊魂は単独では存在しないので、慰霊ということはありえない。むしろ、一切衆生の救済のために説かれた法の実践としての四無量の慈・悲に関連して生きものを苦しめたり、殺生したりしないことが尊ばれる。殺生を離れることは八正道の一つとして位置付けられる。なお、アニミズムは戒められている。また、動物の霊魂については明確な教義はなく、犬に仏性があるのかどうかは何とも言えないとの説もある。

儒教では、死により魂は魄《はく》と分離してそれぞれ天上と地下に行くことになる。そこで、呪術的な招魂再生の儀礼により魂を呼び戻して魄と一体化させるというシャマニズム的教理が成立する。したがって、儒教では祖霊信仰が重要となり、孝が尊ばれる。そこで、葬儀、墓、供養という概念が発生した。

しかし儒教では、自然のままの動物的状態からの脱出、すなわち、人為的世界を尊ぶ人間中心的傾向から、動物は低い存在と見なされる。つまり、動物の慰霊とは結びつかない。

日本古来の神道では、動物の死体や血は穢《けが》れたものとされ、浄《きよ》めが必要であり、また、霊は祟《たた》るとされてお祓《はら》いが行われた。

日本の社会には、古来のトーテミズム、アニミズム、神道、仏教、儒教、道教などが深く入り交じって存在しているため、インド、中国、中東、欧米などとは異なった特異な動物観が形成されているものと考えられる。動物慰霊祭や動物塚の建立は、仏教の殺生戒や慈悲思想、儒教の祖霊信仰、道教の自然主義思想や神仙思想、神道の鎮魂思想などが習合し、さらに、自身が命を持つ人間として命あるものへの本能的畏怖の念などが絡み合った複雑な儀礼であると考えられる。

動物実験に携わる科学者が、実験動物の碑を建立したり慰霊祭や供養に参加するのは単に生命の尊厳、実験動物の科学的価値、生物多様性の重要性などの認識からだけではなく、前述の深層心理にも由来するものと考えられる。ちなみに、欧米には実験動物慰霊碑のようなものは存在しない。

動物塚は、古代から現代に至るまで絶えることなく築かれてきたものであり、今後も塚は築かれるであろう。それらの建立の動機は時代を反映して変化しているが、その根底には日本人の自然観、生命感、死生観を貫いている自分を自然の一部と考えることによる人と動物の連続性の認識が存在しているものと考えられる。その結果として、動物の死に直面したときに感ずる畏怖、悲しみ、憐れみ、罪責などさまざまな感情や認識がある閾値《いき》を越えたときに塚を築く動機となったと考えられる。

動物塚から学ぶべきこととして以下の点を挙げることが出来る。

（1）人が動物に対してとる態度は、人と動物の連続性のゆえに、人が人に対してとる態度を強く反映しているということである。

（2）日本人の深層心理のなかにある、非合理的ともいえる観念と科学者の行動との関係に注目する必要がある。

（3）土地から切り離されて情報などを武器として糧を得ている新狩猟民ともいえる人々が失ったアイデンティティを再構築するためには、無垢なる自然との触れ合い体験が有効となり得る。

動物塚が日本各地に多数存在し、それらの建立は古代から現代にわたっていて、建立の動機は時代を反映して変化しているものの、その根底には日本人の深層心理のなかにある伝統的な人と動物との連続性の動物観が存在している。

次に日本人の生命観、動物観が顕著に現れていると考えられる二つの項目（自然災害や事故によって犠牲になった動物の塚、および近年盛んになったペットの墓）について検討する。

●犠牲動物の塚

動物の死体を丁重に埋葬した例は縄文時代の遺跡の発掘により知られているが、犠牲になった動物の墓についての文献的記録が古くは播磨國風土記などに残されている。

「伊夜丘《いやをか》は、品太《ほむだ》の天皇《すめらみこと》の獦犬《かりいぬ》名は麻奈志漏《まなしろ》、猪《ゐ》と此の岡に去りき。天皇《すめらみこと》、見たまひて、「射《い》よ」とのたまひき。故《かれ》、伊夜岡《いやをか》といふ。此の犬、猪《ゐ》と相闘《あひたたか》ひて死《し》にき。即《すなは》ち、墓《はか》を作《つく》りて葬《かく》しき。故《かれ》、此の岡の西に、犬墓《いぬはか》あり。」

（秋本吉郎校注『日本古典文学大系２ 風土記』岩波書店 一九五八年より）

これらの動物は狩猟用の犬が主体である。本研究において調査した動物塚のなかには、塚を建立した人の意志が直接介在しない、自然災害や事故などによって死んだ動物の塚が含まれていることは注目に値する。鹿供養塚、蓄魂碑、狸塚、愛犬トビーの墓、殉難動物慰霊碑などがそれに該当する。

これらの塚の建立の動機は生業のために、実験用、食用、素材用などの目的で意図的に動物を殺した当事者が贖罪や業の繁栄祈願などのために行う功利的な事後処理儀礼として建立する動機とは明らかに異なっている。以下、具体的事例を分析する。

鹿供養塚（岐阜県下呂市萩原町上上呂）：一八〇八年の旧暦一一月、飛騨地方を襲った豪雪によって山から迷い出た何千という鹿、猪、猿などが谷底や川岸で死んだ。村人たちは、とても可愛そうで見ることもできず、供養のために鹿供養塚を建てた。しかし、その翌年には、鹿や猪が増えて、諏訪神社に猪・鹿退散祈願をしている。そのころは、大切な農作物が鹿や猪に食い荒らされるのを防ぐために、「しし垣」や「柵」を設けたり、寝ずの番をしたり、退散祈願をしたりして、被害を食い止める努力をしていた。このような憎い動物でも、死んでいったあわれな姿に涙を流し、供養の塚を建てて冥福を祈ったのである。ここには功利性を見ることはできない。

蓄魂碑（長野県飯山市木島、天神堂）：一九八二年九月、飯山市の木島地区は樽川の堤防決壊により大水害に見舞われた。天神堂集落で飼っていた乳牛のほとんどが、この水害の犠牲になった。牛たちは面綱を切ってあげても、小屋から離れようとしなかったという。人が助かるのが精一杯で、牛を救出する余裕がなく、多くの牛が死んでしまった。土地の人々は犠牲になった牛のために蓄魂碑を建てた。このケースでは、自然災害とはいえ、人災という側面もあり、建立の動機としては犠牲になった牛が可愛そうだという気持ちが主体であろうが、自分たちの責任を感じている面があると考えられる。

狸塚（兵庫県上郡町能下）：播磨科学公園都市に放射光研究施設「SPring－8」が設置されるのに伴い、それまで人がほとんど訪れることのなかった山間部に「播磨テクノライン」という道路が整備された。その結果、山に棲む狸などの動物が夜間に交通事故で犠牲になることが多発するようになった。また、人も急カーブで運転操作を誤って激しい事故を起こすことが後を絶たない事態も発生した。そこで、「SPring－8」に関係のある姫路工業大学理学部の有志が発起人となって、人と動物の真の共棲を願い、また、犠牲になった狸などの冥福と怨念の払拭とを願って狸塚を建立した。このケースでは、塚の建立者が動物を直接死に追いやった当事者ではない。しかし、「SPring－8」の関係者という立場から、まったく無縁とは思っていないものと考えられる。

愛犬トビーの墓（静岡県熱海市上宿町）：富士登山の帰途、熱海に逗留中の初代英国公使オールコックの愛犬トビーが、大湯間欠泉の噴湯に触れて大火傷を負って死んだとき、里人たちは人の死を悼むのと変わらない丁重な葬儀をおこなった。外国の要人の愛犬という事情はあったと考えられるが、人々は心から犬の死を悲しみ、あわれに思った結果、純粋な気持ちから親切にしたのは疑問の余地がない。その気持ちは悲しみにくれるオールコックを感動させた。

これらの塚の建立の動機を人と動物の連続性の生命観、自然観に帰結させるのが一般的であるが、そこには日本人が犠牲になった動物の死を心から悼む状況がみてとれる。人間には生得的に死に対する恐怖心があり、これを避けて積極的に生きようとする本能が備わっていると考えるのが自然である。そして、それは危険を回避することを学習する動機付けとなる。例えば、駅のプラットホームの端に近づくことなどの危険性が教育され、学習もしている。しかし、プラットホームに挙動不審な人がいて、接近する電車に飛び込もうとするとき、学習で習得した危険性を無視して、とっさに救おうとして自分の命を落とす人がいることはめずらしくない。谷川に落ちて流される小鹿を救おうとするような行為も同様に解釈できる。したがって、学習効果だけではなく、人間には自分を含めてあらゆるものの命を畏怖し、これを救おうとする本能的なものが備わっているものと仮定することが可能ではないかと考えられる。この本能的なものが動物の死に直面したときに強く発現するかどうかは個人の性格だけではなく、宗教や文化の影響を受けることが示唆される。ここにいう宗教や文化とは、例えば、災害は山の神の祟りであると考えたり、死んだ動物の霊を恐れたりすることである。

自然災害などで犠牲になった動物の塚としては、他にも、地震（関東大震災鳥獣供養塔、台東区浅草公園）、台風（殉難動物慰霊碑、鹿児島市中山町）、津波（海嘯《かいしょう》横死牛馬観世音塔、宮古市千鶏浜）、火事（百牛塚、陸前高田市気仙町）などがある。

ペットの墓

欧米では古くから動物がペットあるいはコンパニオンアニマルとして飼われてきたため、ペット墓地の歴史も古く、一八九六年に設立された墓地がニューヨークにある。日本でも、源氏物語の「若菜」や「柏木」にあるように宮廷などの上流社会において平安時代に猫を愛でるブームもあったが、これらの飼猫の墓は残されていない。

普通の飼猫や飼犬の墓は江戸時代から散見されるようになるが（愛犬トビーの墓、猫塚）、いわゆるペット霊園が設置されるようになったのは、ペットの大ブームが起こった昭和になってからである。

近年のペット動物の飼育数の増加は著しく、二〇〇四年一〇月のペットフード工業会の調査によると、犬と猫の推定飼育数はそれぞれ一千二四五万六千匹と一千一六三万六千匹である。それにともない、日本人の動物観にも変化が見られ、「ペットは家族の一員である」と考える人が過去一〇年間に急速に増えている。

日本人はあるがままの自然を受容し、動物とも適度の距離をおいて接してきた伝統を持っている。しかし、ペット動物の場合は事情が著しく異なる。すなわち、ペット動物は日本においても欧米と同様に人間の手中に収められて、自然の状態とはおよそ異なった、人間の目的に則した生活を余儀なくされたあげくに死亡するのであるから、必ずしも幸福であったとはいいきれない。しかし飼い主はペットを犠牲にしてすまないという意識はなく、癒しや安らぎ、喜びを与えてくれたことへの感謝と、家族の一員として生活してきた強い絆による別離の悲しさや寂しさなどの感情とから、供養をしたり、墓を造ったりするものと考えられ、墓は「心のよりどころ」となっている。

日本人は欧米人のように動物を「低い」存在として自分の手中に収めるのではなく、動物と人との連続性の動物観のもとに動物と共存してきた。しかし産業の発展にともない、動物を生業のために多く利用するようになったために、欧米人と同じように動物を手中に収めざるを得なくなった。その結果、古来の伝統的な動物観と自分たちの行動との相克を解決するための儀礼として、業の一環としての動物供養碑や動物慰霊碑が積極的に建立されるようになった。

ところが、前述のように、ペットの墓地はこのような儀礼とは全く異なった動機によって造られている。その動機は欧米人のそれと本質的に変わらない。ただし、ペット墓地の取り扱いには違いがある。欧米人はペット墓地に宗教性を持たせないのに対して、日本人はペット墓地に宗教性を持たせ、人に準じた供養や慰霊を行うケースが多い。さらに、日本では、人とペットの合葬がなされることも稀ではない（例えば、東京都板橋区小豆沢霊園、藤沢市妙善寺、君津市圓明院などで可能）。

欧米では、合葬はおろか、人の墓地内への動物の埋葬そのものが拒否され、人の墓地に動物を埋葬させないための係争がフランスで発生している。欧米では宗教の枠内に人間の生活行動が置かれるのに対して、日本では宗教が人間の生活行動に妥協してすり寄る傾向が認められる。ユダヤ・キリスト教を背景とする欧米では、神以外のものを拝むことは偶像礼拝として固く禁止されている。

一方の日本では、教義として動物の供養や慰霊を明示している宗教はほとんどない。したがって、教義と実践のねじれ現象が日常化し、曖昧さが発生している。

日本人の人と動物の連続性の動物観は、自分とは直接関係の薄い災害や事故によって死亡した動物の塚を建立する行為や、ペット動物の墓に人間のそれと同じ意味を持たせようとする心情に反映されていることを示した。死の恐怖や生命の畏怖といった人の本能的素質の動物の死に対面したときの現れは、宗教や文化による抑制や助長の仕方によって変化する。

多くの動物がペットとしてかわいがられているが、その一方で、残念なことに多くのペット動物が捨てられている。全国の自治体の動物保護センターや動物愛護センターが捕獲したり、飼い主から引き取ったりした犬猫のうち、新しい飼い主に譲渡されるのは極めて少数で、大多数は殺処分されるのが現状である。その数は年間六五～七〇万匹にのぼる。その対策として、不妊手術、動物の教育訓練、法律の整備、シェルターの整備などがあげられ、少しずつ前進しているが、欧米諸国に比較すると大変立ち遅れている。日本人は論理的思考に基づいて判断し、行動するという伝統が薄いために、情緒的に行動する。そのために、不妊手術、教育訓練、安楽死、義務の履行といった、手間と費用、決断と責任を要することを結果的に回避してしまっている。最終的に様々な事情から飼い続けることが困難な状況が発生すると、事態を先送りして自己責任を避けようとし、捨てたり、自治体に処分を委ねるという安易な道を選択しているものと推察される。欧米においても、夏のバケーションの前にはおびただしい数の犬猫が捨てられることが知られている。ただ、シェルターなどに保護されて殺されることから免れている。

殺処分された動物のための慰霊碑が各自治体の施設に設置され、自治体の関係者により慰霊祭が行われる。例えば、神奈川県動物保護センター（平塚市土屋）、愛知県動物保護管理センター（豊田市新屋）、名古屋市動物愛護センター（名古屋市千種区）、大阪市環境事業局（大阪市大正区）などに「動物慰霊碑」がある。

食用および素材用動物の塚

採集狩猟生活をしていた日本人は、旧石器時代には、主に野牛、原牛、オオツノジカ、ヘラジカ、ナツメジカ、ナウマンゾウなどの大型獣を狩猟してその肉を食べ、毛皮や骨角を素材として利用した。また、植物性の食物としてはコケモモ、クロマメノキ、ヤマブドウ、サルナシ、キイチゴ、チョウセンゴヨウなどがあった。

縄文時代になると、植物や魚介類が相当な比重を占めるようになってきた。ヒョウタン、マメ類、エゴマ、アカザ、ゴボウ、ヤマユリ、ノビル、ヒエ、クリ、オニグルミ、ドングリ、トチ、カヤ、ニワトコ、キイチゴ、ヤマブドウ、ヤマグワ、サルナシ、ヤマモモ、チャンチンモドキ、ヒシ、アケビ、サンショウ、アブラナ、ウコギ、タラノキ、ミズナ、キノコなどの植物性の食物が増え、クリ、アワ、ヒエ、エゴマ、ヒョウタン、ハダカムギ、アズキ、メロン、ゴボウ、シソ、カタバミ、ナズナ、ハコベ、イネ（朝寝鼻貝塚、彦崎貝塚、大矢遺跡）などの栽培も行われた。

動物性の食物としては、ニホンジカ、ニホンイノシシ、カモシカ、ノウサギ、ムササビ、タヌキ、アナグマ、イタチ、テン、ツキノワグマ、ニホンザル、オオカミ、ヤチネズミ、ウミガメ、イシガメ、スッポン、カエル、キジ、ウミウ、ヒメウ、ゴンドウクジラ、イルカ、マダイ、イシダイ、コブダイ、ブダイ、ハタ、ウツボ、ヒラメ、カレイ、イワシ、アジ、フグ、ブリ、サバ、マグロ、ニシン、サケ、マス、ウグイ、コイ、フナ、ナマズ、ギギ、スズキ、オットセイ、カニ、ヤマトシジミ、セタシジミ、ムラサキシジミ、サザエ、ハガイ、イシガイ、タテビシ、イケチョウガイ、タニシ、カワニナなどがあり、内陸部へも海産の魚が流通していた。

狩猟・漁労は命がけであり、人々は自然を畏怖し、自然との折り合いをつけながら自然と一体となって生活していた。また、人々は人間の魂も動物の魂も死後は同じ運命をたどり、あの世に行くと考えていた。

そして、縄文人は死者の再生を願って貝塚や墓地に死者を丁重に埋葬したと考えられている。動物の骨は人の屍骸などと共に貝塚に埋めることが多く行われた。能登の真脇遺跡や北海道の東釧路遺跡では、規則的に配列されたイルカの骨が出土している。これらは動物塚の原始的なものと見ることもできる。この時代には、豊猟・豊作祈願のために用いられたとみられる木製品や土製品の出土はあるものの、食用動物の慰霊や再生祈願のために建てられたと見られる碑は発見されていない。四面を海に囲まれ、急峻な山地が多い日本列島に住んだ日本人が魚介類や広葉樹林の植物を多量に食したのは弥生時代以前からの伝統的食習慣であり、地理学的な特色である。日本人は自然を畏怖するとともに、自然の豊かな恵みを感謝して、自然と一体となって生活してきた。そして、それは日本人の動物観形成に重要な要因となり、狩猟牧畜を主体とする欧州人の人と動物との垂直的動物観とは異なる人と動物の水平的（連続性）動物観を日本に形成させたものと推定される。

弥生時代から古墳時代にかけては、神々の登場により、その所有物と考えられた動物を殺すことの贖罪として、動物を贄《にえ》として神々に返した後、神人共食した。稲作を主体とする農耕社会が成立すると、動物食に対する関心がさらに低下することになった。五五二年に仏教が伝来し、仏教と律令により国家が運営されるようになると、農耕に必要な牛馬の保護政策と仏教の殺生戒や慈悲思想の影響により、動物を殺すことに対する抵抗感が強まり、六七五年の「天武の勅令」にあるように身近な動物（牛、馬、犬、猿、鶏）の殺生肉食が禁止された。

「今より以後《のち》、諸の漁猟者《すなどりかりするひと》を制《いさ》めて、檻穽《をりしあな》を造《つく》り、機槍《ふみはなち》の等《ごと》き類《たぐひ》を施する莫《まな》。亦《また》四月《うづき》朔《ついたちのひ》より以後《のち》、九月三十日《ながづきのみそかのひ》より以前《さき》に、比弥沙伎理《ひみさきり》・梁《やな》を置くこと莫。且《また》牛・馬・犬・猿・鶏《にはとり》の宍《しし》を食《くら》ふこと莫。以外《そのほか》は禁《いさめ》の例《かぎり》に在《あ》らず。若《も》し犯《おか》すことあらば罪《つみ》せむ」

（坂本太郎、家永三郎、井上光貞、大野晋校注『日本古典文学大系68 日本書紀 下』より）

鹿や猪、熊などの野生動物の狩猟は、山間部の人々などにより生業として続けられた。これら狩猟を生業とする人々には動物を殺すことに対する精神的な救済手段が必要になったと考えられる。放生《ほうじょう》（仏教の殺生戒に基づく儀礼で、鳥を放ったり、魚を放流したりして供養する。梵網經《ぼんもうきょう》、薬食い《くすりぐ》（薬になるといって肉を食べる）、神仏習合の畜生成仏思想（畜類は人に食べられることによって功徳を施し、成仏できる。諏訪神社）、草木国土悉皆《しっかい》成仏《じょうぶつ》（涅槃経《ねはんぎょう》）という万物不二一体の思想（天台本覚思想）、念仏により成仏するという反転思想（浄土真宗）、あるいは狩猟者、漁労者が所有する「山達根本之巻」、「山達由来之史」や「浮鯛系図」といった特許状などの救済の考え方が生まれてきた。このような状況下では、表だって食用動物の供養や慰霊のための碑を建立することはなかった。

食用動物の供養塔や慰霊碑が建立されるのは鯨漁（鯨三十三本供養塔：熊野市二木島、一六七一年建立）や鹿猟（鹿千供養塚：白石市八幡暗木ノ峯、一六五〇年建立）などに関連した僻地でのケースが最も古く、江戸時代に建立されたものが多く現存している。三十三とか千という数字は、多数の大型動物を捕獲した腕前を誇示する反面と、それとは逆の殺した罪意識とを計量化したもので、供養して災いの及ぶのを避けようとするものである。食用動物塚の建立の動機が記された説明文の具体例を以下に挙げる。

鰻霊塔（静岡県舞阪町弁天島）：「昭和十一年十一月二十二日東海三縣養魚組合聯合会駿東三川魚商組合濱名水産会主催ノモトニ鰻霊供養並放生会ヲ此ノ地ニ於テ挙行ス仏戒ニ戒遮持犯トハ雖モ年々東海三縣ヨリ産出スル養鰻ハ二百万貫ニ及ビ吾人ノ活動ノ原動力トシテ食膳ニ供サレ榮養食料品ト謳ハル之等多数ノ犠牲トナル鰻ノ生命ニ対シ均シク感謝ノ念禁ズル能ハズ鰻霊ノ冥福ト偉大ナル功徳ニ対シ未来永劫慈悲ヲ垂レ賜ハンコトヲ祈

願セムトシテ茲ニ魚籃観世音大菩薩ノ建立ヲ見タル所以ナリ請ヒ願ハクハ斯業ノ圓満ナル発展ト魚族ノ繁殖ニ一段ト光明ノ現レムコトヲ　昭和十二年九月二十三日　建立委員長鈴木六郎　中島松園書　松下誠宏刻」

鰹塚（東京都中央区佃、住吉神社）：「神社の前が廻船の港であったことから、廻船問屋筋の信仰が厚く、境内に鰹塚が築かれることになった。姿節需要の全盛期に鰹節の需要喚起策としてポスターやパンフレットが作成され、鰹塚も建立された。宣伝と慰霊を兼ねたものであった。完成までに二、三年の歳月が掛かり、一九五四年一一月五日に除幕式が執り行われた。碑文は中弥店主、山崎弥兵衛節堂建設委員の書である。毎年四月二〇日の東京鰹節類卸商業協同組合の総会に際し、社殿において大漁祈願祭を行い、その後塚前において慰霊祭が行われる。」

熊供養碑（山形県小国町小玉川）：「霊峰飯豊山の山懐に抱かれた小玉川は、縄文以来のマタギの文化を、四百年に亘り脈々と今に伝えている。これに献身した幾多の熊の霊を弔い、先人に敬愛の意を表し、マタギ魂の伝統の灯が永久に点らんことを念願し、謹んで熊供養碑を建立する。」

これらの説明文に見られる塚建立の動機は、食用に供するために犠牲となった動物に感謝するとともに、その霊を慰め、併せて業の繁栄を神仏に祈願するものである。現在の日本では、業者が動物を殺す役割をすべて背負うことにより、消費者は動物を殺すことから完全に隔離され、何の負い目もなく肉や魚を食するシステムが確立されているのである。そして、牛三千頭、豚四万頭が毎日の食用に供されていることを知る人は少ない。その一方で、いまだに食肉処理業務に対する偏見や差別が残っていることは残念なことである。

産業が著しく発展し、動物食品が大量に生産されるようになった昭和になると、業者が業の一環として動物慰霊碑を建立することが盛んになった。台東区上野公園の弁天堂には鳥塚、ふぐ供養碑などがあり、中央区築地の波除神社には海老塚、蛤塚などがある。日本人はあるがままの自然を受容し、人と動物との連続性の動物観にもとづいて動物とも適度な距離をおいて共存し、動物を殺すことに対しては罪意識を堅持してきた。

しかし生業のために動物を多く殺すようになると、業者には古来の伝統的な動物観とみずからの行動との間に葛藤が生まれた。その相克を解決する手段として、功利的な事後処理儀礼としての動物供養碑や動物慰霊碑が積極的に建立されるようになった。それは業を支えてくれる動物に対する感謝と業の繁栄を祈願する儀礼である。

これに反して、狩猟牧畜生活を送り、肉食の欠かせない欧米人は人間と動物のあいだに一線を画し、人間を上位におき、動物を自分の手中に収めてこれを支配した。したがって、欧米人には動物を殺すことに対しての葛藤は少ない。これが欧米には動物慰霊碑のようなものは存在しない理由の一つであろう。

食用動物塚と類似の範疇に属するものに素材用動物の塚がある。食用動物の毛皮や骨を素材として使用する以外に、活きた素材が必要なために素材採取の目的のために殺される動物があり、その供養や慰霊のために塚が建立される。京都南禅寺の「波気都歌」、大塚護国寺の「象供養碑」、両国回向院の「犬猫供養碑」、大阪松乃木大明神の「猫塚」、三重県賢島の「真珠貝供養塔」などがこれに該当する。その建立の動機を記した説明文の具体例を以下に挙げる。

波気都歌《はけづか》（京都市、南禅寺）：「刷毛の起源は古く約壱千数百年の古代より創案されて絵画、染、表具、塗、その他多くの工人の製作の用具として使われ　現代に及んでいる　その毛は動物の活毛を利用しているが故に回向して刷毛の恩恵に感謝の念捧げ　我等同志が毎年八月一日を供養の日に定めている　ちなみに碑の題字は南禅寺管長柴山全慶老師の執筆である。塚は京都表具協同組合により昭和四四年八月一日に建立された」

説明文に見られるように、動物塚の建立の動機は犠牲になった動物への恩恵の感謝と供養である。

動物慰霊碑の建立や慰霊祭といった前述の事後処理儀礼には犠牲になった動物に対する感謝の気持ちの表明といったプラス面だけではなく、次のマイナス面が指摘される。

（1）深層心理にある不可解な人生の矛盾に対して、自己責任を避けようとし、何かに責任を転嫁して曖昧にするために動物を殺すことの歯止めが掛からない。
（2）組織の行事として執り行われるこれらの慣習化された因習はある種の強制力を持ち、そのために個人の信条や心情が犠牲になる。
（3）慰霊碑の建立により、放生会《ほうじょうえ》、野獣捕獲儀礼（ケマツリ、ケボカイ、モチグシなど）が廃止になるケースが多いことから、銘文化による形骸化が起こる。

豊かな自然に恵まれた日本人は、縄文の昔からあるがままの自然を受容し、自然と一体となって生活し、海獣魚介類や植物を食物として摂取する割合が少なくなかった。動物とも一定の距離をおいて、人と動物との連続性の動物観の下に共生してきたものと推定される。仏教と律令による国家の運営がなされるようになると、農耕用動物の保護政策や仏教の殺生戒・慈悲思想の影響により身近な動物を殺す事に対する抵抗感が強まり、動物を生業のために殺さざるを得ない人々には精神的救済処置が必要となった。その結果として、動物供養碑が業の一環として建立された。欧米化が進み、産業経済が発展し、動物食品が多く生産されるようになるとその傾向に拍車が掛かり、動物への感謝、贖罪、業の繁栄のための動物供養碑や慰霊碑の建立は二十一世紀の現在にまで及んでいる。

そのほかに分類したものについては、以下それぞれの事例をあげて補足説明をしておく。

神仏の祭地、あるいは守り

不思議な力を持ち、神の化身、眷属として神聖視される動物の塚である。蛇は水と深い関係があるので、水田耕作の鍵となる水の管理にふさわしい動物として水の神の化身とされるようになり、蛇塚に祀られた。白蛇や竜は雨を呼ぶ動物、幸運を呼び寄せる動物として祀られている。狐は鼠をとるために農耕神稲荷の神使として崇められ、狐塚が築かれた。稲荷は商売繁盛の神としても崇められるようになっている。海亀は海神の使いと考えられ、恵比寿、乙姫、弁財天、駒形様などと関連付けられ、航海の安全や豊漁祈願のために亀塚が築かれている。

（事例）　狐塚　↓74ページを参照。

動物間の愛情を人への教訓として示す

「孝行犬の墓」は人にも勝る犬の親子の愛情の深さを教訓とするために建立されたが、これと類似の孝行猿の話が伊那市市野瀬柏木にある。それによると「猟師に火縄銃で仕留められ、両手両足を縛られて囲炉裏端に吊るされた親猿を三匹の小猿が何とかして生き返らせようと、囲炉裏で温めた手で傷口を手当した。親子の愛情に心を打たれた猟師はこの親猿を松の大木の根元に葬って手厚くその霊を慰め、自らの殺生の非を悔いて念仏者となった。」となっている。現在、この猟師が親猿を葬ったという場所に「山神宮」と刻まれた石祠がある。また、鶴の夫婦の愛情にまつわる「鶴塚」（高島市三尾里）や鶴の親子の愛情にまつわる「鶴供養碑」（広島県神辺町西中条）もこの類である。

（事例）　孝行犬之墓　↓60ページを参照。

◎人に対する忠義への報恩

世話になった人間に対し、贈り物をしたり、命をかけて守ったりした動物に対する感謝と慰霊のために建立される塚である。

（事例）　猫塚　↓57ページを参照。

◎人の使役への報恩

農耕、狩、漁、運搬、展示、軍役、競技、補助など様々な用途に使用した動物に対する感謝と慰霊のために建立される塚である。

（事例）　太夫黒の墓　↓65ページを参照。

◎伝説

伝説には様々な動物が登場し、そのジャンルも多岐にわたっているが、超常的な能力を示す動物のケースが多い。

（事例）　鵺《ぬえ》塚　↓88ページを参照。

◎平和運動などのモニュメント

平和などをアピールするためのモニュメントは多くあり、鳩などの動物が利用されるが、動物の塚がモニュメントとなるのは珍しい。

（事例）　鮪《まぐろ》塚　↓96ページを参照。

◎その他

俳句、詩歌、小説などに登場する動物を記念して建立される。俳人、歌人、作家の記念碑や記念館が愛好家などによって世界中に建てられているが、それらの建立の動機とも関連している。

（事例）せみ塚　↓99ページを参照。

第2章

塚一覧

これまでの調査一覧。全国にはまだ沢山の塚がある。関心はつきません。

・第一章で示した分類にもとづき、二〇〇七年五月までに著者が調査した動物塚を一覧にまとめました。

神仏の祭地、あるいは守り

（詳しくは35ページへ）

分類	動物	塚名	所在地	建立時期	形式	物語ページ	写真ページ
1	狐	狐塚	滋賀県守山市古高	不明	円墳	74頁 物語	125頁 写真
1	狐	狐塚	愛知県常滑市晩台	昭和	自然石	74頁 物語	140頁 写真

1	亀	亀の松	静岡県袋井市西同笠	室町	土塚	90頁 物語	119頁 写真
1	亀	南海霊龜碑	静岡県浜松市坪井、東光寺	江戸	石像	89頁 物語	136頁 写真
1	亀	亀塚	静岡県磐田市、観音寺	昭和	自然石	90頁 物語	140頁 写真
1	亀	亀塚大明神	静岡県御前崎市御前崎中原亀塚	江戸	石柱	90頁 物語	126頁 写真
1	亀	亀塚	和歌山県紀宝町井田	平成	石板	90頁 物語	
1	亀	亀龍神	千葉県天津小湊町、布入弁天堂	江戸	自然石	90頁 物語	
1	亀	海亀之霊	千葉県銚子市川口町、川口神社	昭和	石板	90頁 物語	
1	蛇	蛇之塚	神奈川県横浜市旭区白根	明治	自然石	91頁 物語	139頁 写真
1	蛇	蛇塚	島根県大田市大田町	不明	土塚		
1	蛇	白蛇塚	京都府京都市北区、北山鹿苑寺	鎌倉	多層石塔	91頁 物語	123頁 写真
1	鮭	鮭塚	福岡県嘉麻市嘉穂、鮭神社	江戸	自然石	96頁 物語	

動物間の愛情を人への教訓として示す

（詳しくは35ページへ）

2	犬	孝行犬之墓	静岡県三島市芝本町、円明寺	昭和	石柱	60頁 物語	126頁 写真

人に対する忠義への報恩

（詳しくは36ページへ）

3	犬	義犬の墓	大阪府泉佐野市大木、七宝龍寺	平安	石像	61頁 物語	136頁 写真
3	犬	犬塚	滋賀県大津市逢坂	室町	自然石	61頁 物語	140頁 写真
3	猫	猫塚	東京都墨田区両国、回向院	江戸	石柱	57頁 物語	126頁 写真
3	狼	狼塚	山梨県富士河口湖町、善応寺	江戸	自然石	75頁 物語	141頁 写真

人の使役への報恩

（詳しくは36ページへ）

4	猿	猿塚	東京都港区愛宕、栄閑院	江戸	自然石	63頁 物語	141頁 写真
4	海獺	ラッコ慰霊碑	愛知県豊橋市大岩町、豊橋総合動植物公園	平成	自然石	82頁 物語	142頁 写真
4	牛	牛供養塔	東京都港区高輪、願生寺	江戸	石柱	67頁 物語	127頁 写真
4	牛	牛桜（聖武天皇の牛桜）	滋賀県甲賀市牧	奈良	土塚	68頁 物語	119頁 写真
4	牛	牛塚	長野県青木村入奈良本	昭和	自然石	68頁 物語	
4	牛	牛塔	滋賀県大津市逢坂、長安寺	平安	石宝塔	68頁 物語	123頁 写真
4	牛	亡牛塔	静岡県河津町梨本大畑	江戸	石柱	69頁 物語	127頁 写真
4	犬	犬霊の碑	岐阜県瑞浪市日吉町、国際犬訓練所	昭和	石柱		
4	犬	盲導犬慰霊碑	愛知県名古屋市南区呼続、長楽寺	昭和	石像	61頁 物語	136頁 写真
4	猫	猫神	鹿児島県鹿児島市、仙巌園	桃山	石塔	57頁 物語	122頁 写真
4	猫	猫塚	神奈川県横浜市東朝比奈、千光寺	室町	自然石	58頁 物語	144頁 写真

4	馬	ライスシャワー碑	京都府京都市伏見区、京都競馬場	平成	自然石	65頁 物語	145頁 写真
4	馬	競走馬碑（馬頭観音）	三重県四日市市霞ヶ浦町	昭和	石柱	65頁 物語	
4	馬	太夫黒の墓	香川県高松市牟礼町	平安	五輪塔	65頁 物語	120頁 写真
4	馬	馬魂碑	神奈川県横浜市港北区日吉、慶應大学	昭和	自然石	66頁 物語	144頁 写真
4	馬	馬塚	滋賀県高島市一ノ坪	不明	自然石	66頁 物語	145頁 写真
4	馬	平経正の馬塚	兵庫県明石市人丸町	平安	石柱	66頁 物語	128頁 写真
4	馬	籠碑	静岡県静岡市小鹿、法伝寺別院	江戸	自然石	66頁 物語	144頁 写真
4	鵜	鵜塚	岐阜県岐阜市長良大前町	昭和	自然石	82頁 物語	141頁 写真
4	蚕	蟲救護碑	滋賀県日野町小井口、松林寺	明治	自然石	98頁 物語	142頁 写真
4	蚕	蚕御霊神塔	神奈川県横浜市泉区和泉町	明治	石柱	98頁 物語	127頁 写真
4	動物	軍馬軍犬軍鳩慰霊碑	愛知県名古屋市中区、名古屋城外堀	昭和	半肉石像	102頁 物語	161頁 写真

4	動物	軍馬軍犬軍鳩慰霊碑	大阪府大阪市住之江区、護国神社	昭和	自然石	105頁 物語	142頁 写真
4	動物	軍馬軍鳩之碑	大阪府大阪市住之江区、護国神社	昭和	自然石	105頁 物語	143頁 写真
4	動物	清露戦役牛馬碑	滋賀県東近江市蒲生町川合、願成寺	明治	半肉石像	102頁 物語	161頁 写真
4	動物	戦没軍馬軍犬軍鳩霊之碑	滋賀県彦根市尾末町、護国神社	昭和	銅像	102頁 物語	162頁 写真
4	動物	日清戦役軍馬碑	東京都渋谷区恵比寿、台雲寺	明治	自然石	103頁 物語	143頁 写真
4	動物	どうぶつ慰霊碑	愛知県名古屋市千種区、東山動物園	昭和	金属板	103頁 物語	160頁 写真
4	動物	動物慰霊碑	神奈川県藤沢市片瀬海岸、新江ノ島水族館	昭和	石像	🐾	🐾
4	動物	動物慰霊碑	東京都台東区上野公園、上野動物園	昭和	金属像	104頁 物語	160頁 写真
4	動物	萬霊塔	京都府京都市、京都市動物園	昭和	自然石	104頁 物語	143頁 写真
4	動物	動物慰霊塔	愛知県豊橋市大岩町、豊橋総合動植物公園	昭和	石塔	104頁 物語	122頁 写真

犠牲動物の供養、慰霊

（詳しくは19ページへ）

5	牛	畜魂碑	長野県飯山市木島、天神堂	昭和	自然石	69頁 物語	
5	鹿	鹿供養塚	岐阜県下呂市萩原町上上呂	江戸	自然石	77頁 物語	146頁 写真
5	鼠	シロネズミの碑	東京都文京区本駒込、吉祥寺	昭和	石柱	71頁 物語	
5	鼠	鼠塚	東京都渋谷区広尾、祥雲寺	明治	石柱	71頁 物語	129頁 写真
5	狸	狸塚	兵庫県赤穂郡上郡町能下	平成	陶像	72頁 物語	
5	動物	実験動物供養之碑（写真右）	京都府京都市左京区、京大医学部	昭和	石柱	108頁 物語	130頁 写真
5	馬	実験馬宮海号之墓（写真左）	京都府京都市左京区、京大医学部	昭和	石柱	67頁 物語	130頁 写真
5	猫	猫塚	大阪府大阪市西成区、松乃木大明神	明治	石像	58頁 物語	137頁 写真
5	猿	猿塚	愛知県犬山市、日本モンキーセンター	昭和	石板	64頁 物語	133頁 写真

5	象	象供養碑	東京都文京区大塚、護国寺	昭和	半肉石像	77頁 物語	161頁 写真
5	雁	雁塚	愛知県豊田市足助町、足助神社	江戸	自然石	83頁 物語	146頁 写真
5	蛙	蛙塚	東京都荒川区西日暮里、南泉寺	大正	自然石	92頁 物語	145頁 写真
5	蛙	蝦蟇塚	東京都新宿区四谷、笹寺	昭和	五輪塔	92頁 物語	120頁 写真
5	虫	昆蟲碑	岐阜県岐阜市大宮町、名和昆虫博物館	大正	石柱	99頁 物語	129頁 写真
5	虫	善徳虫塚	福井県敦賀市色ケ浜、本隆寺	江戸	石柱	99頁 物語	
5	虫	善徳塚	福井県小浜市次吉	江戸	自然石	99頁 物語	146頁 写真
5	虫	虫塚	奈良県橿原市久米町、久米寺	昭和	自然石	100頁 物語	147頁 写真
5	虫	蟲塚	茨城県つくば市観音台、農業環境技術研究所	昭和	自然石	101頁 物語	
5	虫	蟲塚	東京都台東区上野桜木、寛永寺	江戸	自然石	101頁 物語	147頁 写真
5	生物	生物供養碑	静岡県沼津市井出、大泉寺	平成	石柱	102頁 物語	128頁 写真

5	動物	犬猫供養碑	東京都墨田区両国、回向院	昭和	石板	105頁 物語	134頁 写真
5	動物	犬猫供養塔	東京都墨田区両国、回向院	昭和	石像	105頁 物語	137頁 写真
5	動物	実験動物供養碑	岐阜県岐阜市柳戸、岐阜大医学部	昭和	石坂	105頁 物語	133頁 写真
5	動物	研究動物慰霊碑	滋賀県大津市瀬田月輪町、滋賀医大	昭和	自然石	106頁 物語	148頁 写真
5	動物	実験動物慰霊碑	静岡県浜松市、浜松医大	昭和	自然石	106頁 物語	148頁 写真
5	動物	実験動物慰霊碑	三重県津市、三重大医学部	昭和	石板	106頁 物語	
5	動物	実験動物慰霊碑	神奈川県秦野市、食品薬品安全センター	昭和	石板		133頁 写真
5	動物	実験動物慰霊碑	山梨県玉穂町、山梨大医学部	昭和	自然石	106頁 物語	149頁 写真
5	動物	殉難動物慰霊碑	鹿児島県鹿児島市中山町、動物衛生研究所九州支所	昭和	石板	106頁 物語	
5	動物	畜霊碑	鹿児島県鹿児島市中山町、動物衛生研究所九州支所	昭和	自然石	106頁 物語	
5	動物	鎮魂碑	岐阜県岐阜市柳戸、岐阜大応用生物部	昭和	自然石	106頁 物語	149頁 写真

5	動物	動物慰霊之碑	東京都墨田区両国、回向院	昭和	自然石	107頁 物語	149頁 写真
5	動物	動物慰霊碑	東京都文京区弥生、東大農学部	昭和	石板	107頁 物語	134頁 写真
5	動物	動物慰霊碑	神奈川県平塚市土屋、動物保護センター	昭和	石板		134頁 写真
5	動物	不忘碑	神奈川県伊勢原市、東海大医学部	昭和	自然石	107頁 物語	150頁 写真
5	動物	波氣都歌《はけづか》	京都府京都市、南禅寺	昭和	自然石	108頁 物語	148頁 写真
5	動物	刷毛塚	静岡県静岡市清水区村松、鉄舟寺	昭和	自然石	108頁 物語	152頁 写真

食用動物の供養、慰霊

（詳しくは27ページへ）

6	海豚	海豚供養之碑	静岡県伊豆市安良里浦上	明治	石柱	80頁 物語	128頁 写真
6	海豚	いるか供養之碑	静岡県伊豆市安良里浦上	昭和	自然石	81頁 物語	150頁 写真
6	海豚	鯆靈供養塔	静岡県東伊豆町稲取	江戸	石柱	81頁 物語	129頁 写真

6	海馬	魹《とど》供養碑	岩手県釜石市両石	江戸	自然石	82頁 物語	
6	牛	牛の慰霊碑（牛王如来）	静岡県下田市柿崎、玉泉寺	昭和	石像	69頁 物語	138頁 写真
6	牛	牛魂慰霊碑	埼玉県皆野町、登谷高原牧場	昭和	自然石		
6	熊	熊供養碑	山形県小国町小玉川	平成	自然石	78頁 物語	
6	熊	熊塚	宮崎県高千穂町岩戸	不明	自然石		
6	鯨	くじら供養碑	和歌山県太地町梶取崎	昭和	コンクリート像	78頁 物語	162頁 写真
6	鯨	くぢら塚	神奈川県三浦市三崎西浜、地蔵堂	江戸	石板	78頁 物語	135頁 写真
6	鯨	鯨碑	東京都品川区東品川、利田神社	江戸	自然石	79頁 物語	153頁 写真
6	鯨	鯨三十三本供養塔	三重県熊野市二木島	江戸	石柱	79頁 物語	130頁 写真
6	鯨	亡鯨衆霊塔	和歌山県太地町、東明寺	江戸	石柱	80頁 物語	
6	鯨	鯨の墓	京都府伊根町、蛭子神社	江戸	石柱	80頁 物語	

6	猪	猪供養碑	山形県山形市山寺、地蔵堂	江戸	自然石	76頁 物語	153頁 写真
6	豚	畜霊碑	神奈川県寒川町、興全寺	昭和	自然石	76頁 物語	
6	豚	ペンドレーバルグボーイ二世号之墓	神奈川県寒川町、興全寺	昭和	自然石	76頁 物語	155頁 写真
6	膃肭臍	膃肭臍《おっとせい》供養塔	東京都墨田区両国、回向院	大正	自然石	82頁 物語	155頁 写真
6	鴨	鴨之塚	東京都中央区浜離宮庭園	江戸	自然石	83頁 物語	151頁 写真
6	鶏	玉子塚	東京都中央区築地、波除神社	昭和	石像	84頁 物語	139頁 写真
6	鳥	鳥塚	東京都台東区上野公園、弁天堂	昭和	石板	88頁 物語	135頁 写真
6	鳥獣	野生鳥獣供養碑	滋賀県野洲町辻町	昭和	自然石	109頁 物語	147頁 写真
6	鳥獣	鳥獣供養塔	滋賀県大津市千町	昭和	自然石	110頁 物語	153頁 写真
6	鳥獣	鳥獣供養碑	秋田県仲仙町豊岡	昭和	自然石	110頁 物語	
6	鼈《すっぽん》	スッポン感謝之塔	東京都台東区上野公園、弁天堂	昭和	自然石	88頁 物語	157頁 写真

6	蛙	食用蛙供養塔	東京都江戸川区船堀、法龍寺	昭和	石柱	92頁 物語	130頁 写真
6	鰻	鰻供養塔	長野県岡谷市川岸東	平成	自然石	93頁 物語	
6	鰻	鰻霊塔（魚藍観音）	静岡県舞阪町弁天島	昭和	石像	93頁 物語	137頁 写真
6	鰻	うなぎ供養碑	福岡県柳川市坂本町、日吉神社	昭和	石板	94頁 物語	135頁 写真
6	鰻	うなぎ供養之碑	静岡県静岡市丸子、歓昌院	平成	自然石	94頁 物語	154頁 写真
6	河豚	ふぐ供養碑	東京都台東区上野公園、弁天堂	昭和	石像	94頁 物語	138頁 写真
6	海老	海老塚	東京都中央区築地、波除神社	昭和	自然石	95頁 物語	150頁 写真
6	鰹	鰹塚	東京都中央区佃、住吉神社	昭和	自然石	96頁 物語	151頁 写真
6	魚	すし塚	東京都中央区築地、波除神社	昭和	自然石	97頁 物語	151頁 写真
6	魚	活魚塚	東京都中央区築地、波除神社	昭和	石板	97頁 物語	132頁 写真
6	魚	魚塚	東京都台東区上野公園　弁天堂	昭和	自然石	97頁 物語	152頁 写真

6	魚	魚霊塔	静岡県沼津市平沢、正眼寺	昭和	自然石	98頁 物語	152頁 写真
6	魚	湖魚供養塔	滋賀県大津市真野、鮎屋	平成	石像	98頁 物語	138頁 写真
6	鮟鱇	鮟鱇《あんこう》塚	東京都港区築地、波除神社	昭和	自然石	97頁 物語	155頁 写真
6	動物	家畜獣魂碑	広島県広島市可部町	明治	自然石	108頁 物語	🐾
6	動物	屠畜供養塔	東京都港区、食肉市場	明治	自然石	108頁 物語	156頁 写真
6	動物	弔魂紀念碑	東京都港区、食肉市場	大正	自然石	109頁 物語	156頁 写真
6	動物	南無妙法蓮華経碑	東京都港区、食肉市場	昭和	自然石	109頁 物語	156頁 写真
6	動物	鳥獣虫類供養霊塔	静岡県磐田市、観音寺	昭和	自然石	109頁 物語	154頁 写真
6	動物	畜魂碑	大阪府羽曳野市向野、南食ミートセンター	昭和	自然石	🐾	🐾
6	動物	食肉動物慰霊碑（馬頭観音）	愛知県名古屋市西区、桜木公園	昭和	自然石	110頁 物語	154頁 写真

伝説

（詳しくは36ページへ）

7	猿	猿塚	新潟県胎内市乙、乙宝寺	平安	宝篋印塔	64頁 物語	124頁 写真
7	牛	神牛塚之碑	福岡県太宰府市宰府	平安	自然石	70頁 物語	
7	犬	早太郎の墓	長野県駒ヶ根市、光前寺	鎌倉	五輪塔	62頁 物語	121頁 写真
7	鼠	ねずみ塚	静岡県御前崎市御前崎	昭和	石柱	71頁 物語	131頁 写真
7	狸	狸塚	東京都墨田区墨田、多門寺	江戸	自然石	73頁 物語	157頁 写真
7	狸	狸塚	千葉県木更津市富士見、證誠寺	江戸	自然石	73頁 物語	
7	猫	猫塚	東京都世田谷区豪徳寺、豪徳寺	江戸	半肉石像	58頁 物語	161頁 写真
7	猫	猫塚	静岡県御前崎市御前崎	昭和	石像	59頁 物語	139頁 写真
7	猫	猫塚	山梨県甲斐市竜王町、慈照寺	江戸	自然石	59頁 物語	158頁 写真

7	猫	猫塚	佐賀県白石町、秀林寺	江戸	石祠	60頁 物語	
7	馬	駿馬塚	東京都新宿区内藤町、多武峰神社	江戸	自然石	67頁 物語	158頁 写真
7	雀	雀塚	京都府京都市左京区静市、更雀寺	平安	五輪塔	85頁 物語	121頁 写真
7	鶴	鶴塚	山梨県富士吉田市、福源寺	江戸	自然石	85頁 物語	157頁 写真
7	鶴	鶴塚	滋賀県高島市三尾里	鎌倉	石宝塔	86頁 物語	123頁 写真
7	白鳥	白鳥塚	三重県亀山市能褒野	古墳	方円墳	87頁 物語	125頁 写真
7	鶯	鶯《うぐいす》塚	大阪府大阪市北区長柄中	不明	石柱	87頁 物語	131頁 写真
7	鵺	鵺《ぬえ》塚	大阪府大阪市都島区都島本通	明治	石層塔	88頁 物語	121頁 写真
7	蟹	蟹塚	滋賀県甲賀市南土山蟹が坂	不明	五輪塔	95頁 物語	120頁 写真

平和運動などのモニュメント

（詳しくは36ページへ）

8	鮪	鮪《まぐろ》塚	東京都中央区築地、中央卸売市場	平成	金属板	96頁 物語	160頁 写真

ペットの供養、慰霊

（詳しくは23ページへ）

9	犬	愛犬トビーの墓（写真右）	静岡県熱海市上宿町	江戸	自然石	62頁 物語	158頁 写真
9	犬	忠犬ハチ公の墓	東京都港区南青山、青山霊園	昭和	石祠	63頁 物語	124頁 写真
9	猫	山猫めをと塚	東京都台東区谷中、永久寺	明治	自然石	60頁 物語	159頁 写真
9	猫	猫塚	東京都新宿区弁天町、漱石公園	大正	石層塔	60頁 物語	122頁 写真
9	動物	ペットピア真野	滋賀県大津市真野、晶法寺	平成	各種		124頁 写真
9	動物	犬猫生物霊供養塔	京都府京都市上京区、称念寺	昭和	石柱	110頁 物語	131頁 写真

9	動物	長楽寺動物霊園	愛知県名古屋市南区呼続、長楽寺	昭和	各種		
9	動物	小鳥供養塔	東京都墨田区両国、回向院	昭和	金属像	111頁 物語	160頁 写真
その他（詳しくは37ページへ）							
10	水鶏	水鶏塚	愛知県愛西市佐屋町	江戸	石柱	84頁 物語	132頁 写真
10	蛙	蛙塚	岡山県津山市久米南町里方、誕生寺	江戸	自然石	93頁 物語	
10	蛙	蛙塚	京都府井出町井出	昭和	石柱	93頁 物語	132頁 写真
10	蝉	せみ塚	山形県山形市山寺、立石寺	江戸	自然石	99頁 物語	159頁 写真
10	動物	畜霊碑	愛知県名古屋市港区野跡、動物検疫所	昭和	自然石	111頁 物語	159頁 写真

第3章

物語

動物塚には人間との関わりを示す興味深い物語が古くから数多く残されています。

猫《ねこ》

猫塚

東京都墨田区両国、回向院

一八一六年に建てられたもので、次のような猫の報恩伝説で知られる。江戸両替町の時田喜三郎の飼い猫は、出入りの魚屋がいつも魚をくれるので、魚屋がくる度にねだっていた。ところが、魚屋は病気になり、来なくなってしまった。病気が長引き、お金がなくなった時、誰かが二両もの大金を置いていった。やがて、病気が治ったので商売の元手を借りようと魚屋が喜三郎のところにいったが、猫が出てこない。理由を尋ねると先だって金二両が紛失したが、その後もあの猫が金をくわえているのを見つけたので先の二両も猫の仕業と合点し、家中の者で撲殺したという。魚屋はそれを聞いて涙を流し、二両は自分がもらったものだと言って、金の包み紙を差し出した。喜三郎はそれがまぎれもなく自分の筆跡のある反故だったので、猫がいつも魚をもらっていた魚屋に恩返しをしたのだと感じ入り、二度にわたってくわえていった金を魚屋に与えた。魚屋も、猫のなきがらをもらい受けて回向院に葬ったという。分類③

猫神

鹿児島県鹿児島市、仙巌園

薩摩藩島津家の別邸であった仙巌園（磯庭園）に猫神という神社があり、石塔が建っている。説明文には「文禄慶長の役に活躍した島津家十七代義弘は七匹の猫を朝鮮半島まで連れて行き猫の目の瞳孔の開き具合によって時刻を推測したといわれています。この神社には生還した二匹の猫の霊が祀られており、六月十日の時の記念日には鹿児島市の時計業者の人々のお祭りが行われています。」また、「十七代島津義弘が朝鮮出兵に連れて行った猫七匹のうち、生還した二匹を祀っています。当時、猫の瞳孔の開き具合で時刻を推測したことにちなみ、猫神は時の神社ともされています。これらの猫は、黄、白二色の波紋で義弘の次子久保に愛せられ〝ヤス〟と命名されていました。久保は二十一歳の若さで朝鮮で病死しましたが、以来この猫を〝ヤス〟と呼ぶようになったといわれています。」この猫神は鶴丸城北の護摩所にあったが、天明六年に当地に遷座したものである。『時計のかわりになった猫』によると〝六つ（六時）丸く五（八時）・七（四時）卵に四つ（十時）八つ（二時）は柿の核なり九つ（正午）は針〟などの数え歌があったという。分類④

猫塚　神奈川県横浜市東朝比奈、千光寺

六浦千光寺が元あったところに金沢猫の塚があったが、千光寺が朝比奈に移転したのに伴って猫塚も移転した。この辺りでは唐猫のことを「かな」というが、「かな」とは金沢猫の略称である。昔、唐船が三艘の浦に着いたとき、連れてきた猫が死んだのを埋めて、そのしるしに碑を建てたものだという。昔、武蔵国金沢称名寺に金沢文庫があって、蔵書が多く収められていた。中国から書を多く船載されてきたとき、ねずみの害を防ぐために唐からよい猫を乗せてきた。その猫の種を金沢猫といっているのを、略して「かな」とつけたのだそうである。分類④

猫塚　大阪府大阪市西成区、松乃木大明神

遊芸関係者の拠金により室上小三郎が建立。三味線用の猫皮に利用するために犠牲になった猫霊供養。分類⑤

猫塚　東京都世田谷区豪徳寺、豪徳寺

次のような招き猫の伝説で知られる猫の墓である。弘徳庵という貧しい寺の和尚は猫を我が子のように可愛がっていたが、ある時その飼猫に「汝我が愛育の恩を知らば何か果報を招来せよ」と言い聞かせた。その後、夏の昼下がり、彦根藩第二代藩主井伊直孝（一五九〇〜一六五九）一行が鷹狩りの帰途、寺の門前を通りかかると、手招きする猫がいた。不審に思って寺に寄り、和尚の法談を聞きながら渋茶を飲んでいると、激しい雷雨となった。これが縁となり直孝は多くの寄進をするとともに寺を井伊家の菩提寺とした。

寺は直孝の戒名を取って豪徳寺となった。寺には直孝をはじめ井伊家代々の墓があり、井伊直弼の墓もある。和尚はこの猫が死ぬと墓を造って弔った。後世に招猫堂が建立され、「招福猫児」がつくられるようになった。分類⑦

猫塚

静岡県御前崎市御前崎

ある朝、遍照院の住職が海上に浮かんでいる子猫を見つけ、漁師に船を出してもらって助けて連れ帰った。十年後、旅の僧が宿泊を請うたので泊めると、三日目の真夜中天井裏で激しい物音がした。夜が明けてみると僧衣を着けた大鼠、それに自宅と隣の猫の二匹が倒れていた。そこで、人々は住職を襲おうと旅僧に化けた古鼠を猫が恩返しに退治したものと考え、猫を手厚く葬った（ねこ塚、現存している塚は昭和七年十二月建立）。ところが、ねずみは村人によって海に捨てられることになり運ばれてきたが、運びきれずに途中に捨て置かれた。その夜、改心したねずみは村長の夢枕にあらわれて海上の安全と大漁を約束したといわれている。以来、その地に海の守り神として葬った墓がねずみ塚である。昭和四七年十一月二十一日に大山に現在のねずみ塚が築かれた。御前崎町教育委員会発行の「御前崎の伝説と文化財」によると、地元の古老の話では猫を魔除けとして船で飼っていたそうである。特に三毛猫の牝は天気を予知するというので珍重された。海に猫が浮かんでいたというのは船の飼い猫だったと考えられる。一方、古鼠はその災害予知能力が神秘的に感じられ、漁業安全の守りとされたと考えられる。分類⑦

猫塚

山梨県甲斐市竜王町、慈照寺

寛文年間、この寺がまだ貧しかったころ、十二世住職が一匹の猫をかわいがっていた。ある夜、住職は飼い猫の夢を見た。黒雲が現れたら、数珠を投げつけるようにと猫が夢の中で告げた。後日、空を覆う怪しげな黒雲が現れたので、住職は猫のお告げどおりに数珠を空に投げると、棺桶が降ってきた。その棺桶は甲府の裕福な旗本家の老婆のもので、この寺でその葬儀を行うことになった。この旗本は渡辺右衛門という奉行で、その後旗本たちがこの寺の檀家になり、寺は裕福になった。当事は大きな建物を建立することは幕府により固く禁止されていたが、寺には多くの立派な伽藍が整い、大水で近くを流れる釜無川の信玄堤が万一決壊しても、五十戸ほどの住民はこの高台の寺に避難できるため、安心して生活できるようになった。夢に現れて以来、姿を見せなくなった飼猫のために住職は境内に塚を建てて供養した。その塚は猫石と呼ばれ、現存している。分類⑦

猫塚
佐賀県白石町、秀林寺

鍋島藩のお家騒動にまつわる伝説の化け猫の墓。分類⑦

山猫めをと塚
東京都台東区谷中、永久寺

幕末、明治時代の戯作者である仮名垣魯文夫妻の飼猫の供養碑で、碑の文は福地桜痴の書である。明治十四年十月建立。分類⑨

猫塚
東京都新宿区弁天町、漱石公園

夏目漱石の飼犬猫小鳥の供養のために大正時代に建立されたものであるが、昭和二十八年に復元修理された。分類⑨

犬《いぬ》

孝行犬之墓
静岡県三島市芝本町、円明寺

幕末の頃、円明寺に母子の犬が住んでいた。お寺の本堂の床下に母犬の多摩、子犬の登玖、都留、摩都、左登、富寺の六匹が番犬として寺を守っていた。子犬の富寺が病気で死んで、そのあと母犬も病気になってしまったが、子犬たちは母犬のそばを離れないでいた。子犬たちは町の人々から食べ物をもらっても食べないで持ち帰り、母犬にあたえた。母犬が死んでも子犬たちはそこを離れず屍を守ったが、遂に小犬たちも皆死んでしまった。寺の日空上人がそれを見て母子六匹のために石碑を建て人にも勝るその純情を表彰して世の中の人に戒めとした。現存の石碑は昭和になってから墓地にあった旧碑に代えて新設されたものである。分類②

義犬の墓

大阪府泉佐野市大木、七宝龍寺

墓の説明文に「宇多天皇寛平二年（八九〇年）三月十五日紀伊の国の猟夫当山の行場である蛇腹付近に鹿を追った時、樹間に大蛇あり、猟夫を呑まんとす。猟夫その由を知らず。愛犬しきりに鳴いて猟を遮ぎぬ。猟夫怒りて愛犬を切る。愛犬の首飛んで大蛇に噛みつき、共に倒る。猟夫我が生命を守りし義犬を弔わんが為に剃髪して、庵を結んで余生をおくりたりと、その事朝聞に達し、一乗山改め犬鳴山の勅号を賜った。」とある。犬の遺体を埋め、その上に弓を折って卒塔婆にしたといわれる墓には設置年代不詳の義犬石像が残っている。犬鳴山は全体が役行者の開いた修験道の道場である。なお、義犬伝説は徳島県一宇村や香川県琴南町にもあり、それぞれに墓がある。分類③

犬塚

滋賀県大津市逢坂

京都から大津へ難を逃れてやって来た蓮如上人が、上人の人気を心よく思わなかった他宗の門徒によって毒殺されようとした時に、忠犬が身代わりとなって死んだので、この犬を埋めた塚に、欅を植えて弔ったという話で、その欅といわれる老人樹が石碑とともに今もある。分類③

盲導犬慰霊碑

愛知県名古屋市南区呼続、長楽寺

碑文「盲導犬たちよ　天国で遊んで下さい　盲人の目となり最良の友となり　明日への光となって愛と献身に生きたあなたたちの日々は私たちの心に生き続けています　盲導犬たちよハーネスを外して飛び跳ねて下さい」昭和六十三年六月二十六日建立　（財）中部盲導犬協会　会長石井勇　協力：愛知県石材共同組合理事長畔柳寛次、美術教諭大野幾生、（有）磯貝彫刻

磯貝和汪、長楽寺久喜風外　分類④

早太郎の墓

長野県駒ヶ根市、光前寺

七百年ほど昔、諸国をめぐっていた六部が遠州見附の宿にさしかかると大きな家の一家中が泣き悲しんでいた。家の屋根棟に白羽の矢がたって氏神（矢奈比売天神）の人身供養に一人娘を出さねばならないのだという。娘を差し上げなければ祟りを受けて疫病や大風に見舞われるといわれる。六部は娘の身代わりに女装して唐櫃に入り、神社の前にかつがれていった。やがて大きな足音が聞こえ、「こよいこんばん　おるまいな　信州信濃の早太郎」とよばわり、櫃の上で踊りはじめた。「このことばかりは　知らせるな　早太郎には知らせてくれるな」とうたいながら踊った。六部が中で騒ぐと、怪物は箱を開こうとして争いとなったが、夜明けとともに逃げてしまった。六部は信濃の国を訪ね歩き、上伊那郡赤穂村上穂の光前寺に早太郎という犬がいることを知った。駒ケ岳の山犬が寺の縁の下で五匹の子犬を産み、その一匹を和尚に残していったという。この子犬は和尚に可愛がられてたくましい猛犬に育った。六部は翌年の祭りに早太郎を借りてきた。そしてこの年の人身御供の娘に代わって早太郎を櫃に入れて供えた。やがて真夜中になると怪物があらわれ「こよいこんばん　おるまいな　信州信濃の早太郎」とうたいながら箱の蓋をとろうとした。そのとき早太郎が猛然と飛び出し、怪物と激しい格闘が始まった。翌朝、氏子たちが神社に行ってみると、大きな狒狒《ひひ》が三匹倒れていた。一方傷ついた早太郎は天竜川沿いにやっとの思いで故郷の光前寺に帰り、息を引き取った。光前寺には霊犬早太郎の墓と石像がある。猿の害を防ぐために犬を利用する例は多く知られている。　分類⑦

愛犬トビーの墓

静岡県熱海市上宿町

駐日初代英国公使サー・ラザフォード・オールコックは一八五九年イギリス総領事として来日、翌年九月に富士登山を行った帰路、熱海に立ち寄り今井半太夫方に約二週間逗留した。彼は外国人として最初の富士登山を試み、熱海来訪についても「自分が最初の外国人である」としてオールコック記念碑を建てた。また、本国から連れてきた愛犬トビーが熱海大湯間欠泉の噴湯に触れて大火傷を負い死んでしまった際に、里人は、人の死を悼むのと変わらない葬儀を行い丁重に弔った。後に、江戸に戻ったオールコックは「かわいそうなトビー（Poor Toby）」と刻まれた石を熱海に送り墓石とし、記念碑の横に建てた。当時、生麦事件や英国公使館襲撃事件などにより、日本人の印象が悪かったが、日本人に有利な出来事してオールコックは、この出来事を「日本人を敵視すべきではない、誠に親切な国民である。」と本国へ報告した。これにより、英国世論が親日に傾いた。オールコックがロンドンに帰ってから著した「日本における三年間」、「大君の都」に、このことがよく描かれている。分類⑨

忠犬ハチ公の墓　東京都港区南青山、青山霊園

亡き主人の帰りを渋谷駅で待わびていたことで知られる忠犬ハチ公（秋田犬、大館市大子内　斎藤義一宅で大正十二年十一月十日に生まれる。昭和十年三月八日渋谷の路上で没する）の墓。飼い主上野英三郎氏（東京帝国大学農学部教授）の墓地の一画にある。遺骸は剥製にされ、上野の科学博物館に保存され、分骨が埋葬された。なお、ハチ公の銅像は大館と渋谷駅前にある。分類⑨

● 猿《さる》

猿塚　東京都港区愛宕、栄閑院

栄閑院が寛永年間に開山して間もないころ、猿回しに化けた盗賊が役人に追われて、寺に逃げ込んできた。肝の据わった住職は少しもあわてず、泥棒に静かに道理を説いて改心をもとめた。すっかり感激した泥棒は仏門に帰依する気持ちになり、修行のために諸国行脚の旅にでることになった。連れていた猿は寺が預かることになった。この猿は人に良く慣れていて、かわいがられ、境内の人気者になり、栄閑院は猿寺と呼

ばれるようになった。分類④

猿塚

愛知県犬山市犬山、日本モンキーセンター

猿塚の碑は日本モンキーセンター設立五周年を記念して昭和三十六年に栗栖研究所内に設置されたが、平成九年にセンターの移設に伴い移設され、現在は日本モンキーパークの動物園内に設置されている。碑の表には「猿塚」と彫られ、裏面の建立日付は五周年記念昭和三十六年十月三十日となっている。ポリオワクチン製造用に犠牲となったカニクイザルやセンターで死んだサルたちを供養するために碑が建立された。記念日には碑の前で仏式の慰霊祭が行われる。センターはサルに関する調査研究、野生ニホンザルの保護繁殖、学術研究用サルの供給などの学術活動と世界中のサルを集めた動物園としての活動を行っている。分類⑤

猿塚

新潟県胎内市乙、乙宝寺

乙宝寺の説明書によると「寺の裏山に住む二匹の猿が、お経を聞きに毎日通ってきます。和尚さんは不思議に思い猿に心を寄せるようになります。ある日、猿は木の皮を持ってきて、手ぶり身ぶりで写経をしてほしいと和尚さんに頼みます。和尚さんは心よく写経を引き受けます。猿は木の皮を次々と運び、写経の御礼として山の木の実や山芋を持って和尚さんの元にとどけました。写経が法華経第五巻に至ったとき、毎日通っていた猿が急に来なくなります。和尚さんは山へ猿を探しに行きます。すると、二匹の猿は崖の下で山芋を掘っている途中で崖くずれにあい、自ら掘った穴に半分埋まり、抱き合うように死んでおりました。穴の横には大きな山芋がたくさん積み重ねられておりました。和尚さんは驚き、悲しみ、猿のために墓を建て、ねんごろに供養してやりました。年経ること四十年。猿は和尚さんに書いてもらった写経の功徳により、人間に生まれ変わってきました。しかも、越後の国司、紀躬高公夫妻となって寺に御礼に来ました。紀躬夫妻は寺の復興に尽くし、自らも三千部の法華経を写経されました。以上が大体の話のあらすじですが、この話しに出てくる木の皮の写経やお猿のお墓、紀躬夫妻の三千部の法華経の一部などが今でも残されています。」となっている。この伝説は平安時代に書かれた『本朝法華験記』『今昔物語集』、鎌倉時代の『古今著聞集』『元亨釈書』などに載せられている。分類⑦

馬《うま》

ライスシャワー碑

京都府京都市伏見区、京都競馬場

この慰霊碑は京都競馬場の馬頭観世音菩薩碑の近くにある。碑には小森谷正枝の句、関彩雲書「ライスシャワー碑　疾走の馬青嶺の魂なり」が彫られている。ライスシャワー号は一九八九年三月五日ユートピア牧場に生まれたロベルト系黒鹿毛の牡で、父はリアルシャダイ、母はライラックポイントである。第53回菊花賞、第107回天皇賞（春）、第111回天皇賞（春）に優勝した後、引退する予定であったが、宝塚記念レースのファン投票1位になり、京都競馬場でのレース（阪神大震災のために阪神競馬場使用不能のため）に出場することになった。そして、的場均騎手を乗せてゴールを目指した。しかし、転倒して骨折し、その場で安楽死させられた。一九九五年六月四日のことである。墓（石板）は登別市上鷲別町のユートピア牧場にある。分類④

競走馬碑

三重県四日市市霞ヶ浦町

「南無馬頭観世音」と刻まれている。競走馬の安全祈願と慰霊。昭和五年九月五日建立。分類④

太夫黒の墓

香川県高松市牟礼町

源義経の愛馬太夫黒の墓。自分の身代わりになって、平家の教経の矢に立ちはだかって射殺された佐藤継信の死を悼んだ義経は近くの僧に愛馬を布施し、信継の弔いを頼んだ。信継の墓の近くに太夫黒の五輪塔がある。寛永年間に佐藤氏の縁者により、信継および太夫黒の石柱墓碑が建立された。太夫黒は後白河法

皇より下賜された。（別説に、千厩産で藤原秀衡から賜ったとの説がある。） 分類④

馬魂碑

神奈川県横浜市港北区日吉、慶應大学

馬術部において使用された馬の慰霊碑。 分類④

馬塚

滋賀県高島市一ノ坪

農耕や荷役に使用した馬が死んだ時に葬った十坪ほどの塚であり、中央に数個の石が積まれている。現在は全く放置されて荒れ果てている。 分類④

平経正の馬塚

兵庫県明石市人丸町

寿永三年（一一八四）、一ノ谷の合戦では平忠度を将とする平家軍は源義経の奇襲にあい、西へ敗走して明石にきた。ここで忠度は討ち死にした。平経盛の子である経正（敦盛の兄）もこの戦いに参加していた。その経正の馬を埋めたとされる馬塚が山陽電車人丸駅北の道路脇にある。現在は「源平合戦馬塚舊址」と刻まれた設置年代不明の石柱だけがある。平家の落武者の馬の墓は香川県香川町川東上や綾南町陶にもある。

分類④

籬《まがき》碑

静岡県静岡市小鹿、法伝寺別院

この碑は籬という名の馬のものである。碑文には「籬は右近衛権中将正親町藤公の乗なり。曩に文久癸亥の歳、公勅を奉じ長門に使いすや、先の帝より賜はるに名馬籬を以てす。今歳朝廷事ありて東征す。公軍の参謀に擢んでられ、大総督に従ひ、諸軍を率いて駿府に駐駿す。一日、籬病みて死す。嗚呼痛ましきかな。籬や汝は己に主を輔けて西に馬関を越す。今やその功見るべし。駿馬の駿地に斃れるが若きは天その徳を表すものか。吁命なり。汝事了る。汝それ冥せよ。公哀惜の余り骨を府の城東法伝寺に瘞りその臣喜多村致敬をして碑を建てしめ、文を利貞に命ず。以て馬氏の為にその由を紀すも亦た偶然に非ざるなり。」とある。なお、実際の碑文は漢文であり、慶応戊辰三月十二日の日付がある。現在、碑は小鹿の法伝寺別院に移設（一九九八年九月）され、碑文は更新されている。なお、馬頭観音が隣接して設置されている。分類④

実験馬宮海号之墓　京都府京都市左京区、京大医学部

医学のための実験に使用された馬の墓である。昭和七年六月六日に病没。分類⑤

駿馬塚　東京都新宿区内藤町、多武峰神社

自然石に駿馬塚と刻まれている。内藤清成が広大な屋敷を拝領するのにかかわる白馬伝説がある。白馬の像もある。平成五年三月五日に新宿区登録有形文化財・歴史資料に登録されている。説明文によると「内藤清成の駿馬の伝説にかかわる石碑である。徳川家康は江戸入府後、家臣の内藤清成を呼び、現在の新宿御苑一帯を示し『馬でひと息に回れるだけの土地を与える』と語ったという。清成の乗った駿馬は、南は千駄ヶ谷、北は大久保、西は代々木、東は四谷を走り、疲れ果て死んでしまったので、大樫の木の下に埋めたと伝えられる。後に内藤家の森林の管理役となった中家休昌と木下正敷が、文化十三年（一八一六）八月に樫の古木の跡に塚を造り、駿馬塚の碑を建てた。碑はその後、明治五年（一八七二）九月に現在地にされたものである。平成五年十一月　東京都新宿区教育委員会」となる。分類⑦

● 牛《うし》

牛供養塔　東京都港区高輪、願生寺

江戸時代に物資の輸送に牛車が用いられたが、その牛と車は京都車町から移動させた。高輪の願生寺にこれらの牛の供養石塔がある。『武江年表』寛永十三年（一六三六）の項に「御入国の時、今の麹町両側番町永田町に至りて、本多弥八郎、高木九助両人の下や

しきとして下し置かれしかども、御城近きゆへ、市ヶ谷の台此の原を下し給ふ。表四百八十間に只四人さし置かるる故、四谷と云へり云々とあり。この御普請の時、京都より牛車牽き来り、其の牛車の置場として、市谷八幡宮の前にて、四丁余の地を下し給はり、御用の事終りて後に江戸に止められ、今の牛町を給はりしといふ。」とある。寛永十六年芝において、願生寺にある牛供養塔は門前の車街で牛を飼っていた七家の人たち（一世小川鐵五郎他）が死んだ数千頭の牛の供養のために元文三年戌午に建立したもので、文化三年丙寅に災害で壊れたが残っていた四家が中心になり文政十一年戊子四月二十有三日に再修した。大正三年にも修復がなされて現在に至っている。碑は三段構成で上段正面には名号が彫られ、碑文は願生寺十六主蟠驪譽昇阿愚寂顯龍祐玄誌となっている。碑の説明文は漢文である。分類④

牛塚　長野県青木村入奈良本

昭和二十四年二月二十五日、増田林平建之。分類④

牛桜　聖武天皇の牛桜　滋賀県甲賀市牧

甲賀郡誌下に「大字勅旨の南東（北東の誤り）車野にあり。口碑に天平年間聖武天皇紫香楽宮に行幸し給ふ時、御車を牽きたる牛斃れしを以て此所に埋め墓標として櫻樹を栽ゑたるが故に此名あり。近時周圍に竹柵を設けて保護す。樹齢詳ならざれども目通り廻り約三尺八寸あり。此樹はもとより當時のものに非ず分蘗の成長せしものなり種類は普通の山櫻に屬す。」とある。現在は竹柵はなく、牧の牛櫻陶器工房の敷地内、旧道脇にある。分類④

牛塔　滋賀県大津市逢坂、長安寺

説明文によると「この宝塔は高さ三・三メートルで八角形の基礎石に巨大な壷型の塔身をおき、傘石をつけたもので、鎌倉時代初期につくられた日本を代表する石造宝塔です。一般に関寺（この付近一帯にあった寺）の牛塔とよばれ、霊牛の供養塔です。万寿二年の関寺縁起によると、天延四年の大地震で破損した関寺を復興する時に資材を運搬した一頭の牛が、迦葉仏の化身であるという噂が立ち、多くの人々が関寺へ参拝したということです。そして、万寿二年、霊牛は関寺の工事が終わると共に死にました。その霊牛を供養し、祀ったのが、この牛塔であるといわれています。昭和三十五年二月九日に国の指定文化財になりました。」とある。この牛は京都の清水寺から贈られたものであるという。分類④

亡牛塔　静岡県河津町梨本大畑

「如是畜生発菩提心　吉祥海雲亡牛塔　宝暦十三年六月十七日建」と刻まれている。なお、梨本地区には天明二年（一七八二）六月十八日建立の「為牛馬設此石浮圖」と刻された供養塔（奥原段野の牛馬墓地）がある。分類④

畜魂碑　長野県飯山市木島、天神堂

一九八二年九月十三日早朝、台風13号による豪雨で増水していた樽川の堤防が決壊し、木島地区は大水害に見舞われた。天神堂集落は標高が低いため、水位は二メートルを越えた。ここは酪農の盛んなところで、多くの乳牛を飼育していたが、そのほとんどがこの水害の犠牲となった。人が避難するのが精一杯で、牛を助ける余裕がなかった。牛たちは面綱を切っても小屋を離れようとしなかったという。天神堂の人々は犠牲になった二〇三頭の牛のために畜魂碑を建てた。分類⑤

牛の慰霊碑　牛王如来　静岡県下田市、玉泉寺

安政三年にタウンゼント・ハリスが米国総領事として来日し、伊豆柿崎村の玉泉寺に総領事館を開設した。当時の日本人は公には肉食をしていなかったので、ハリスは船に積んできた牛を屠殺して食用に供したといわれる。その時、牛を繋いでいた武士柑の木は屠牛木としてその二世が玉泉寺に現存する。やがて、幕府の許可が出て、牛は近在から供給された。木の傍らには牛の慰霊碑（牛王如来像）が昭和六年に建立さ

れている。

史蹟屠牛木供養塔記「下田ハ我國最初ノ開港ナリ幕末史蹟ノ記念スベキモノ多シ港東玉泉寺ニ米國最初ノ領事館ヲ置ク安政三年ハリス等使節ノ一行亦此ニ館ス國俗曽テ牛ヲ食セズ使節命ジテ之ヲ膳ニ供セシム将ニ屠殺セシトシ之ヲ庭前ノ仏手柑樹ニ縛グソノ樹幹今尚有ス巨商吉田金次郎岸本國治ノ両氏沽肉同業ノ有志謀リ樹幹ヲ圍ムニ欄楯ヲ以テシ前ニ供養塔ヲ建テ之ヲ記念ス是レ我國屠牛ノ嚆矢ナルヲ以テナリ併セテ全國ノ身ヲ殺シテ仁ヲ為セル牛類ノ萬霊供養ヲ行ハントノ大願ヲ発シ塔ノ考察ト造設トヲ斯道ノ達人小林誠義氏ニ托ス印度ノ古俗牛ヲ貴ブ牧牛ハ資産ナリ戦争ノ要亦牧牛ノ争奪ニ在リ宗教説話ノ牛ニ関スルモノ亦多シ梵天ノ如意寶牛法華ノ大白牛車祇園精舎鎮守ノ牛頭天王雷山肥臓ノ醍醐味等ハソノ例ナリ佛若行林ニ在リ一麻一麥殆ド食ヲ絶ツ尼蓮禪河ニ浴シ将ニ昏倒セシトスルヤ牧女ノ乳糜ヲ受ケ身初メテ安キヲ得タリ後佛陀伽耶ニ入ル菩提樹下ニ匹覺テ成スルヤ再ビ河畔ノ林間ニ禅座スニ商主牛車ヲ駆リ至ル牛進マズ商主驚イテ林神ニ問フ曰佛悟後四十九日未食ヲ得ズト商主麨蜜ヲ奉ル佛快ク受ク佛本生ニ在リ曽テ婆羅門タリシ時半偈ヲ得シトシ身ヲ羅刹ニ施ス又摩訶羅王子タリシ時餓虎ニ身ヲ與フ是ト推古帝御物玉蟲厨子ノ扇面ニ画ケル本生事ナリ塔ノ全形状ニ擬シタルモノナリ思フニ犠牲トシテ世ヲ饒益スル何ゾ菩薩ト畜生トヲ論センヤ大悲ノ佛手屠所ノ牛ニ垂レ厳カニ汝是畜生発菩提心ト唱言シタマヘルヲ親シク拜スルノ感アリ依テ記ス　昭和六年四月八日佛生二千四百九十七年　正三位勲二等帝国学士院會員文學博士高楠順次郎撰　春翠野瀬致書」　分類⑥

神牛塚之碑

福岡県太宰府市宰府

菅原道真は醍醐天皇の時に右大臣となったが、讒言により太宰権帥に左遷され、配所に没した。北野天満宮に祭られ、学問の神として崇められている。道真の遺骸を運んだ牛が死んだ場所に塚が築かれ、そのしるしとして江戸時代に石碑が建立された。さらに、大正十四年にも新しく「神牛塚之碑」が建立され、二つの碑が現存している。分類⑦

鼠

ねずみ

シロネズミの碑

東京都文京区本駒込、吉祥寺

癌の研究で世界的に著名な吉田富三博士の墓の右横にある小さな石碑である。碑文には「シロネズミの碑　アゾ色素肝癌、吉田肉腫、腹水肝癌などの研究に手をかけてその命を絶ちたるシロネズミの数知れず、不有会員はみな心の奥にシロネズミのあの赤い目の色を抱く。モルモット、ウサギ、ハツカネズミそのほか鳥の類まで手にかけたる命への思いは同じ、ふと現れてまた消え行きたるこれら物言わぬ生類の幻の命も命に変わりあるべしとは思へず、あはれ生ある者の命よと念じて此碑を建つ　昭和四十八年秋　不有會　代表古稀　吉田富三　識す」と記されている。分類⑤

鼠塚

東京都渋谷区広尾、祥雲寺

一九〇〇年から翌年にかけてペストが大流行した。その際に防疫処置として殺された鼠の慰霊碑である。全国で鼠が捕獲されて殺されたが、東京だけでもその数は三年間で百万匹を越え、その買い上げのための年間予算は四万円余（一匹五銭）となった。碑は祥雲寺住職、檀家総代ほか市内の有志が集まり、東京市内の新聞を通して募金を呼びかけて五千円を集め、一九〇三年に建てられ、供養が行われた。高さ三メートルの大きな石碑の裏面には「数知れぬねずみもさぞやうかぶらむ　この石塚の重きめぐみに」という歌が刻まれている。分類⑤

ねずみ塚

静岡県御前崎市御前崎

ある朝、遍照院の住職が海上に浮かんでいる子猫を見つけ、漁師に船を出してもらって助けて連れ帰った。十年後、旅の僧が宿泊を請うたので泊めると、三日目の真夜中天井裏で激しい物音がした。夜が明けてみると僧衣を着けた大鼠、それに自宅と隣の猫の二匹が倒れていた。そこで、人々は住職を襲おうと旅僧に化けた古鼠を猫が恩返しに退治したものと考え、猫を手厚く葬った（ねこ塚、現存している塚は昭和七年一二月建立）。ところが、ねずみは村人によって海に捨てられることになり運ばれてきたが、運びきれずに途中に捨て置かれた。その夜、改心したねずみは村長の夢枕にあらわれて海上の安全と大漁を約束したといわれている。以来、その地に海の守り神として葬った墓がねずみ塚である。昭和四七年一一月二一日に大山に現在のねずみ塚が築かれた。御前崎町教育委員会発行の「御前崎の伝説と文化財」によると、地元の古老の話では猫を魔除けとして船で飼っていたそうである。特に三毛猫の牝は天気を予知するというので珍重された。海に猫が浮かんでいたというのは船の飼い猫だったと考えられる。一方、古鼠はその災害予知能力が神秘的に感じられ、漁業安全の守りとされたと考えられる。分類⑦

狸《たぬき》

狸塚

兵庫県赤穂郡上郡町能下

放射光研究施設「ＳＰｒｉｎｇ‐８」が播磨科学公園都市に設置されるのに伴い、「播磨テクノライン」という道路が整備された。山々に囲まれた能下のあたりは、それ以前は村人以外には訪れる人もめったにない辺鄙なところであったが、立派な舗装道路が開通するや状況は激変した。交通量は急増し、山に住む狸などの動物が夜間に交通事故死するケースが相次いだ。動物のみならず、人も思わぬ急カーブの難所で運転操作を誤り、車の反転や谷に落ちかかるなどの激しい事故が後を絶たない事態となった。この事態に直面した姫路工大理学部の有志が、人と動物の真の共棲に思いをはせ、狸族の怨念の払拭と冥福を祈願して、一九九九年十月、ユーモラスな信楽焼きの「道標　狸塚」を道路わきに設置した。塚の標柱の裏には「この

豊かな自然を畏敬し、調和ある共棲を願う　狸篤志一同」と記されている。分類⑤

狸塚

東京都墨田区墨田、多門寺

むかし、江戸幕府が開かれる前、今の多門寺のあたりは隅田川の河原の中で草木が生い茂りとても寂しいところでした。大きな池があり、そこにはひとたび見るだけで気を失い、何か月も寝込んでしまうという毒蛇がひそんでいました。また、「牛松」と呼ばれるおとなが五人でかかえるほどの松の木がありました。この松の根元には大きな穴があり、妖怪狸がすみつき人々をたぶらかしていたのです。そこで、鑁海和尚と村人たちは人も寄りつくことができないような恐ろしいこの場所に、お堂を建てて妖怪たちを追い払うことにしました。まず「牛松」を切り倒し、穴をふさぎ、池をうめてしまいました。するとどうでしょう、大地がとどろき、空から土が降ってきたり、いたずらはひどくなるばかりです。ある晩のことでした。和尚さんの夢のなかに、天までとどくような大入道があらわれて、「おい、ここはわしのものじゃ。さっさと出て行け、さもないと、村人を食ってしまうぞ」と、おどかすのでした。和尚さんはびっくりして、一心にご本尊さまを拝みました。やがて、ご本尊毘沙門天のお使いが現れて妖怪狸に話しました。「おまえの悪行は、いつかおまえをほろぼすことになるぞ。」次の朝、二匹の狸がお堂の前で死んでいました。これをみつけた和尚さんと村人たちは、狸がかわいそうになりました。そして、切り倒してしまった松や、埋めてしまった池の供養のためにもと塚を築いたのでした。この塚はいつしか「狸塚」と呼ばれるようになりました。分類⑦

狸塚

千葉県木更津市富士見、證誠寺

腹鼓を打ち過ぎて太鼓腹を破って死んだという伝説の狸の墓。分類⑦

狐《きつね》

狐塚　滋賀県守山市古高

五世紀中頃に造られたといわれる六畝ほどの土塚がある。土地の有力者の墓と考えられているが、やがて狐がすむことから、通称きつね山と呼ばれるようになり、稲荷を祀る金森神社の祭りのときに供物がそなえられた。京都の伏見稲荷にはお塚と呼ばれる小さな祠が多くあるが、狐はねずみを捕るため農耕神の使いとされ、この地のように田の近くの小山を狐塚とすることが多い。分類①

狐塚　愛知県常滑市晩台

平成二年九月吉日建立の石碑と狐塚由来記を刻した石板がある。由来記には次のように記されている。

「狐塚は、昔、田の神を祭る祭場として築かれたものです。田の神は、冬は山に在り、春は田に降って秋の収穫が終わるまで稲作の守護に当たると信じられていました。その田の神の使いが狐であり、狐塚には狐が棲んでいたといわれています。この狐塚が造られたのは、この地に住んでいた人々が、三狐神社を祀って産土神とした時とほぼ同時代の奈良時代か、それ以前と思われます。三狐神社も農耕の神であり、狐塚と相対して造られたようです。三狐神社の神もまた狐を使いとしていたとの口伝があります。古代、小倉地区は前山川・矢田川下流のデルタ地帯で、入江に囲まれた中州のような地形であったと思われます。海岸では、魚・貝・海藻の採取とともに製塩が行われていました。東方の平地で稲作も行われ、ます池は、条里制の遺構といわれます。その稲作地区のいちばん西の端に狐塚が造られましたが、そこは、製塩を行う入江に接しており、塚は製塩で使った土器の破片や焼石のかけらなどの混じった土で造られました。狐塚は、製塩遺跡でもあるのです。やがて、谷田川に堤防が築かれ、狐塚の部分を残して干拓が進み、周囲は次第に稲田と化していったと思われます。谷田川の近くの田の中には「大塚」と呼ぶ塚もありましたが、この塚は、谷田川の堤防決壊に備える土砂の蓄積場所であり、昭和五十五年着工の愛知県甫聶整備事業の際にとりこわされましたが、狐塚はそのまま残されました。狐塚のあるところは、「狐塚」の小字名で呼ばれてきましたが、昭和六十一年の町名変更の際「晩台」と改名された上、狐塚そのものも雑草に埋もれたまま放置されていました。貴重な民俗文化財の煙滅をおそれた小倉地区の有志が相図り、塚の周囲を整備し、「狐塚」の碑を建て、末長く史跡としての保存を期することになりました。平成二年九月吉日　小倉地区狐塚保存会愛知用水土地改良区小倉管理班」土が盛られ、竹柵で囲まれた塚の隅に狐塚と彫られた高さ一・六メートルの自然石の碑がある。**分類①**

狼《おおかみ》

狼塚

山梨県富士河口湖町、善応寺

江戸時代、この寺の坊さんが朝まだき薄暗い頃、裏山で狼の苦しむ声を聞きつけ、そばに行ってみると、骨がのどにささり、苦しんでいたので、衣の袖を手に巻いて抜いてやったのを、狼が恩義に思って、数日後寺の庫裏に兎を置いていった。その後も時々山鳥などを咬えて来ては、坊さんに御恩を報じた。何年かの後その狼が年老いて死ぬとき、庫裏に来て、一声呼んで死んだので、恩義を忘れぬ狼の心情を哀れに思い、この地に埋葬、狼塚を建て、供養したと言い伝えられている。地蔵堂の横に塚を建てたということであるから寛永年間以降のことであろう。狼のお礼に関する類似の民話は他にもある。**分類③**

●豚《ぶた》

畜霊碑

神奈川県寒川町、興全寺

寒川町畜産会及び関係有志により平成三年秋に設置された説明板には「この畜霊碑は、寒川町で飼育され人々の食生活のために貢献した家畜に対し感謝し、その霊を慰めるため昭和四十二年にこの地に建立したものである。また、高座豚の元祖であるペンドレーバグルボーイ二世号の功績を讃えた碑（ペンドレーバグルボーイ二世号之墓）が畜霊碑の隣に建てられているが、ペ号は昭和六年に全国に先駆けて当時の部農会が品種改良のために英国から輸入したもので、寒川では昭和九年から管理され種付け頭数も六百余頭に及び全国にその名声を博せる高座豚の基礎を確立した。毎春、畜産会員及び関係者により供養のため畜霊祭をおこなっている。」と記されている。分類⑥

ペンドレーバルグボーイ二世号之墓

神奈川県寒川町、興全寺

昭和六年英国生まれで、昭和七年に直輸入され、種豚として活躍して高座豚の元祖となったペンドレーバルグボーイ二世号の墓である。昭和三十四年三月十八日に寒川町畜産組合養豚部により建立された。分類⑥

●猪《いのしし》

猪供養碑

山形県山形市山寺、地蔵堂

地蔵堂境内にある自然石の供養碑で中央に「南無天月地蔵大菩薩」右と左に「猪畜追薦　施主山寺惣中」「如是畜生発菩提心　宝暦五年（一七五五年）二月二日」と刻まれている。平成六年三月設置の山形市教育委員会の説明板には「宝暦五年は、東北地方一帯が大飢饉に見舞われた年です。人も獣も飢えに苦しみ、山寺では猪をはじめとする野獣が田畑を荒らし、収穫の激減した農作物に、さらに被害を与えていたようです。立石寺のある山寺一帯は「殺生禁断の地」とされていましたが、住民たちはやむなく、立石寺の許可を得て猪狩りを行い、あわせて猪の追善供養を行いました。その時に建てられたのがこの猪の供養碑です。あまり例のない、非常に珍しいものであり、当時の人々の心情を今に伝える貴重な民俗文化財です。」と記されている。平成二年三月三十日に市指定有形民俗文化財となる。分類⑥

● 鹿《しか》

鹿供養塚

岐阜県下呂市萩原町上上呂

文化六年（一八〇九年）三月、萩原の名医藤本仙菴により建立された。塚の裏面には「文化五戊辰十一月十一日朝六時ヨリ同暮六迄卒雪六尺余降積猪鹿十万迷谷底川岸成群迂成餓死成突殺スコト何千共不知数屍山埜晒労敷不堪見而建立」と刻まれている。この大雪の降った翌年の文化六年三月に、萩原の十三の名主が高山の役所に提出した文書が現存しているが、それによると、猪：二五七匹、鹿：一千一一四匹、猿：一匹、計一千三七二匹が死んでいたと報告されている。ところが、こんなに多くの猪や鹿が死んでいるのに、早くも翌年の文化六年には諏訪神社に、猪・鹿の退散祈願をした祈祷札がある。これをみても、あの大雪に生き残った猪や鹿が、たくさんいたことがわかる。昭和十三年一月六日岐阜県文化財史跡に指定、昭和三十一年二月七日萩原町文化財史跡に指定。分類⑤

● 象《ぞう》

象供養碑

東京都文京区大塚、護国寺

表に「象供養　教海書」、裏面に「神齢山護國寺第五十一世岡本教海書　昭和二十七年四月吉祥日　象牙

美術工藝組合建之　組合長北哲雄　石匠野村保泉」と刻まれている。組合は大正十五年に最初の象供養が行われた日を記念して四月十五日を象供養の日と定めて供養を行っている。分類⑤

熊《くま》

熊供養碑　山形県小国町小玉川

碑文に「霊峰飯豊山の山懐に抱かれた小玉川は、縄文以来のマタギの文化を、四百年に亘り脈々と今に伝えている。これに献身した幾多の熊の霊を弔い、先人に敬愛の意を表し、マタギ魂の伝統の灯が永久に点らんことを念願し、慎んで熊供養碑を建立する」とある。二〇〇四年十一月二十一日に完成、除幕式挙行。

分類⑥

鯨《くじら》

くじら供養碑　和歌山県太地町梶取崎

碑文「わが町の先人たちは古くから捕鯨業を営み更にこれを継承して今日に至っている為に町は栄えてわが国捕鯨発祥の地として観光的にも広くその名を博している鯨はまた国民生活をも支え国家の発展にも貢献しているその恩恵は誠に大きい、ここにくじらの供養碑を建立して鯨魂の永く鎮まりますことを祈るものである、建設にあたり町出身の捕鯨関係者有志のご協力に深く感謝し鯨と共に生きる太地町の発展を切に祈念するものである　昭和五十四年三月　太地町長　背古芳男」分類⑥

くぢら塚　神奈川県三浦市三崎西浜、地蔵堂

「天保五甲午年　くぢら塚　二月十二日　施主　宇

八　宗右衛門　権助　七右衛門」と刻まれている。分類⑥

鯨碑

東京都品川区東品川、利田神社

鯨や海豚が海岸に打ち上げられることがよくあるが、一七九八年に品川沖に迷い込んで捕らえられた鯨の碑が利田神社の境内にある。鯨塚の由来についての説明文によると「此の鯨塚は寛政拾年五月壱日折柄の暴風雨にもまれ乍ら大鯨が品川の沖に這入り込み　是を見つけた漁師達は船を出して遠巻にして天王州に追い込み遂に捕らえた　此の事が忽ち江戸に広がり見物客で賑いになり五月三十日に芝の浜御殿（今の浜離宮公園）の沖に船で引っ張って行き　第十一代将軍家斉公に御覧に入れた　此の鯨の背通り長さ九間一尺高さ六尺八寸有ったと言う　鯨塚には左の句が刻んである／江戸に鳴る　冥加やたかし　なつ鯨／当時の俳人／谷　素外／昭和四十四年九月吉日／昭和大改修／東品川一三町会／鯨塚保存会」となっている。なお、碑文は良く判読できないが、吉原友吉著『房南捕鯨』によると、次のような内容である。「鯨碑　武州荏原郡品川浦天王洲漁人等建之　鯨鯢ハ魚中ノ王　本邦西南ノ海ニ多ク　東北ノ海ニ少ナリ　今年仲夏甲子ノ日　始テ品川天王洲ノ沖ニ寄　漁者船ヲ以テ団ミ　矛ヲ以テ刺　直ニ庁事ニ訴フ　衆人コレフ聞テ　コレヲ見ント数日群集ス　諺ニ此魚ヲ獲時ハ七郷富潤フトソ　漁長ニ代ツテ祭之詞／玉池　一陽井（谷）素外／江戸に鳴冥加や　たかし　なつ鯨／寛政十年戌午夏　華湲稲貞隆書」。分類⑥

鯨三十三本供養塔

三重県熊野市二木島

三重県指定有形文化財。説明文に「鯨は古くは大魚、勇魚（いさな）と書かれた。食用、油、細工ものに利用されて、一頭捕れば七浦潤ったという。熊野はわが国の捕鯨発祥の地として、熊野灘沿岸、九十九浦に鯨方があったといわれ、甫母、二木島、遊木、古泊、木本などにあった。特に二木島は、捕鯨の基地として格別の賑わいを見せた。この碑は寛文十一年（一六七一）に建てられたもので、中央に　鯨三十三

本供養塔、右に　寛文十一竜集辛亥、左に　三月吉日木下彦兵衛建　と掘られている。」とある。高さ一・三メートル程度。分類⑥

亡鯨衆霊塔

和歌山県太地町、東明寺

明和五年三月十八日建立の鯨の慰霊碑。石柱には右から「明和五年戊子年春三月十有八日　願以此功徳普及一切　籤摩一會　亡鯨衆霊塔　我等与衆生皆共成仏妙典石経　太地浦　願主　濱八兵衛建焉」と刻まれている。分類⑥

鯨の墓

京都府伊根町、蛭子神社

伊根捕鯨関係者により一八〇八年建立。三基の鯨墓がある。石碑にはそれぞれ「在胎鯨子塔」「鯢胎凶霊追薦」「鯢鯨塔」と刻まれている。一基に文化辰正月二十三日とある。分類⑥

海豚《いるか》

海豚供養之碑

静岡県伊豆市安良里浦上

碑には「明治十五年壬午之春余応請赴豆州安良里村龍泉寺修授菩薩戒會先是一月十九日此村有大漁聴其実際海豚大小六百餘尾輻湊于海門外於是一村漁人相集忽小舟数十隻驅之於海門内港口張竹網悉捕之大者長二丈小者不下九尺自本日至二月十日二十三日間於港内養之待魚商来賣之収得代價凡壹萬餘圓大賑村民云先開會一日有網組當番某紹介龍泉長老来相見説其事實便乞願為海豚建供養塔開甘露門余賛成曰幸明日開勝會爾於漁人隊撰人為海豚戒徒行懺悔禮拝乃光満會授戒脈埋之塔下而后余焼香諷経則最上之追善也漁人亦必有滅罪之益焉某謹諾去趣随余命於濱方五組内人撰作戒徒毎日出頭懺悔禮拝遂塔下埋納戒脈今也余宰井山一會淨侶焼香修無遮因漫坫小伽陀一首即充海豚之供養者也　伽陀曰　善哉大海豚　輻湊安良里　結縁解脱門　六百有余尾　于

時明治十五年壬午春四月二十七日　権大教正住相之圓覚興聖善寺傳戒菩薩比丘洪川題」と刻まれている。分類⑥

いるか供養之碑

静岡県伊豆市安良里浦上

表には「いるか供養之碑　特任圓覚別峰書」、裏には「昭和九年　一九六頭　三、五二八メ　昭和十一年　一、〇二七頭　一、八四六メ　昭和十七年　二〇、一三一頭　四七一、六八七メ　昭和十八年　七、七六一頭　一九一、六六四メ　昭和十九年　六、五七九頭　二一八、一九七メ　昭和二十年　四、四七三頭　一〇一、八九一メ　昭和二十一年　五、四七〇頭　一五一、九六二メ　昭和二十二年　三九五頭　一五、四六五メ　昭和二十三年　五八一頭　一五、二二〇メ　昭和二十四年　六、八一二頭　一八〇、九五六メ　計　五三、四二五頭　一、三六九、〇五九メ茲ニ海豚組合ノ発願ニ因リ上記昭和九年ヨリ同二十四年ニ至ル十年間ノ漁獲五萬三千四百二十五頭ノ供養碑ヲ建立ス就中昭和十七年ヨリ同二十一年ニ至ル大東亜戦時漁船ノ徴用空襲下ノ不況並ニ終戦後ノ食糧事情等ニ於イテ外食糧資源ニ貢献シ内村民ヲ賑済シタル功大ナルモノアリ今ヤ田子宇久須二村ノ尊宿ヲ悃請シ無遮會ヲ修スルニ當リ一偈ヲ打シ以テ海豚ノ供養ヲ伸ブ偈ニ曰ク　魚躍宝楼閣　鳥飛甘露門　打開無礙水　這裡絶群兎于時昭和二十四年十一月十七日　幻住龍泉二十八世　謙道敬誌」と刻まれている。分類⑥

鯆靈供養塔

静岡県東伊豆町稲取

海豚漁が盛んであった稲取漁港の近くにある碑で、石柱に「鯆靈供養塔　文政十丁亥年」と刻まれ、台座に「当村　漁村中　世話人　三町　若者」と記されている。分類⑥

海馬《とど》

魹《とど》供養碑

岩手県釜石市両石

安政五年（一八五八）建立。「魹供養　当村　安全」と刻まれている。分類⑥

海獺《らっこ》

ラッコ慰霊碑

愛知県豊橋市大岩町、豊橋総合動植物公園

平成七年三月吉日建之という石柱が碑の横にあり、裏面には「ロシア　コマンドル諸島より来園したラッコが　ここに安らかに眠る」と刻まれている。分類④

膃肭臍《おっとせい》

膃肭臍《おっとせい》供養塔

東京都墨田区両国、回向院

大正十五年建立。なお、岩手県大槌町赤浜には昭和二十七年の生態研究調査の犠牲になった膃肭臍の供養塔がある。分類⑥

鳥類《ちょうるい》

鵜塚

岐阜県岐阜市長良大前町

鵜飼は鵜を使って魚を捕る漁法で、美濃国各牟郡中里の戸籍に鵜飼部目都良売の名が見られることから一三〇〇年以上の歴史がある。長良川の鵜飼は守護や戦国大名の保護を受け、江戸時代には将軍家へ役鮎を上納した。そのために時の権力者から様々な権限を与えられ、二一人の鵜匠がいたといわれている。しかし、明治維新以後、保護もなくなり鵜匠をやめる人が続いたが、明治二十三年から宮内庁に属し、式部職鵜匠として長良には世襲の六人がいる。鵜飼は観光と結びついて現在に受け継がれている。鵜匠は、頭に風折烏帽子、腰に腰蓑、足に足半という装束で、一人で十二羽の鵜を操る。篝火を灯した舟は中乗、艫乗と呼ばれる二人の船頭により操られる。数匹の鮎を飲み込んだ頃合いを見計らって鵜を引き上げる。大きな鮎は吐き出させ、小さい鮎は鵜の腹の中に入る。鵜飼の主役である鵜は茨城の海岸（昔は知多半島）で捕獲した気性の荒い海鵜で、鵜匠はそれぞれ二十数羽の鵜と生活をともにして信頼関係をつくる。十数年間漁をして一生を終える。長良大前町に鵜匠山下本家により設立された鵜塚がある。毎年十月中旬に鵜飼関係者等により鵜の供養が行われる（俳句の会と共同）。鵜飼に貢献し、一生を捧げた鵜の霊を慰めるために、鵜匠は百数十年前より亡き鵜の供養をしてきたが、昭和五十八年十月、関係者の浄財により長良宮口町に塚を建立した。道路工事のために平成十五年現在地に移設された。分類④

鴨之塚　東京都中央区、浜離宮庭園

浜離宮恩賜庭園の中にある塚であるが、説明板には「鴨塚の碑　本園には、庚申堂鴨場と新銭座鴨場があります。鴨場とは、古くから大名の別荘等に設けられた遊猟施設です。安永七年（一七七八）十代将軍徳川家治の時代から昭和十九年まで、二つの鴨場では、鴨猟が盛んに行われました。この碑は、昭和十年宮内省の鷹匠　戸辺与四郎が、ふたつの鴨場で捕獲された鴨たちを供養するために建てたものです」。石碑には「昭和十年十一月五日之建　鴨之塚　鷹匠　戸辺與四郎」と彫られている。分類⑥

雁塚　愛知県豊田市足助町、足助神社

雁塚と彫られた小さい石碑であるが、参河国名所図絵碧海郡之部に「雁を射て発心す　煙霞奇談、三河

国足助村、百姓久右エ門と云もの、射術を好み、裏の蔵に巻わらを置いて、毎日是を翫ぶ、ある日急成用ありて、弓のつるもはづさず、そのまま置て出たる跡へ、牛吉と云う召使の童来りて、何心なく引て、巻きわらを射たるに、裏口の窓より、外面へ翦たりしかば、大に驚きたづねゆくに、其矢はるかに遠き、田の畦に居たる雁に中て、怪我の功名を持帰る、主人も還居て呵責せんとせしが、大なる獲物あれば、さのみ叱らず、彼雁を料理し、近所の者を集め、飽まで食ひ、残りなきに至りて、喰て仕まへとて、空鍋を牛吉に渡す、然るに其翌日より彼射中たる田畦へ、雌雁来りて悲鳴す、牛吉其の聲を聞て悲しむことしきりなり、又夜々牛吉が夢に見えて、雄雁の苦趣を弔ひくれよと悲しむ、牛吉此事をば人にも語らず、病氣なりとて暇を乞、忽髪を剪て道心者となり、的心と号す、濱邊の一庵に住居せしが、廿三年の月日を送りむかえて、初秋の頃より、里人に語りて曰、吾は此九月物故すべしと、其ことばのごとく、九月廿六日病なくして、昔雁に剪矢の中たる日に死失しは、不思議の因縁なりけらし、佛に辞世の句あり。先立し雁や浄土の道しるべ

河内中野雁卒都婆同日の談なり。」とある。分類⑤

玉子塚

東京都中央区築地、波除神社

東京鶏卵加工業組合創立三十周年記念として昭和五十年十一月建立。分類⑥

水鶏塚

愛知県愛西市佐屋町

松尾芭蕉の発句を記念して立てられた碑で、佐屋町教育委員会による由来記に「元禄七年（一六九四年）五月芭蕉翁が江戸から故郷伊賀の国へ帰る途中、佐屋御殿番役の山田庄左衛門氏の亭で泊られた。そのあたりは非常に閑静な幽地で昼さえ藪のほとりで木の間がくれに水鶏が鳴いた。翁がこられたと聞いて遠方からも俳人集まり千載不易の高吟が続いた。そのときうたわれた初の句が「水鶏鳴くと人の云へはや佐屋泊」である。翁逝って四十余年後さきに坐を共にした人達により、翁がうたったこの現地でそのときうたった句を石にきざみこの碑がたてられた。とき正に享保二十年

（一七三五）五月十二日のことである」と記されている。分類⑩

雀塚

京都府京都市左京区静市、更雀寺

寺の縁起に雀塚の由来は次のように記されている。「藤原実方朝臣は一条天皇の侍臣なり、小一条左大臣師尹の孫、侍従定時の子なり、右中将正四位下陸奥守に補任す。性、俊雅にしてよく歌道に達す。ある日、実方、亜相藤原行成卿と殿上で口論し、持っていた笏で行成の冠を打ち落とす。行成はおとなしくて、さからわなかった。天皇このことをお聞きになり『歌枕を見よ』と、奥州に左遷す。数年の間、名跡を撰んで沢畔に行吟し、ついにかの国に卒す。長保元年（九九九年）正月二十六日なり。同年四月七日夜、当院住持観智上人、一霊雀が夢中に告ぐを聞く。『我はこれ中将実方なり。恒に華洛を慕う。身は陸奥に没し、神魂、雀に化し、帝都に飛来す。晨に台盤に遊び飯を啄み、昏には林中に棲みて翼を休む。それ勧学院は藤原氏家族累世の学校なり、我往時を偲びて止宿す。請う、我がために誦経せよ。』と。言い終わって夢覚む。翌朝観智怪しみ出て林下を見るに、果たして死雀あり。手に収めて葬り、墳塚を築いて印とす。この故に世人称して『雀の森』と言う。五輪の塔、塚の上にあり。」更雀寺（通称雀寺）は延暦十二年（七九三年）桓武天皇勅願寺として創建され、勧学院と号せられた。三条通と壬生通の間にあったが、一六二六年四条大宮西に移転、一九七八年静市市原に再移転した。雀塚も移転した。万寿二年と治承元年に炎上。一三三〇年後醍醐天皇、藤原藤房に勅して再建させ、森豊山更雀寺と号す。塚上にあった実方像は一七一一年頃焼亡した。ちなみに、実方の墓は宮城県名取市にあり、毎年十月に墓前で歌会が催される。分類⑦

鶴塚

山梨県富士吉田市、福源寺

一六九八年三月建立の石造の鶴塚と鶴塚碑（一八三四年十一月建立）とがあり、碑文は漢文であるが福原龍蔵の訓訳によると「峡州に鶴郡有り。其の地、南は富岳の趾に接す。相伝う、孝霊帝の時、秦の徐福、結伴して、薬を東海の神山に求む。此に至るに逮び、以為らく、福壌なりと。遂に留まりて去らず。後に鶴三隻ありて居る。恒に遊びて郡中に止まる。時人以て福等の化する所と為す。郡の由て以て名づく所なり。周の穆王南征し、一軍尽く化するや、君子は猿や鶴となり、小人は沙蟲となる、と。蘇耽・佐卿の事、一にして足らざるに及べば、則ち福等の鶴に化するも、必ずしも無しと言うべからざるなり。孝霊従りして元禄に至る凡そ二千有餘歳にして一鶴殞す。是より先き、官、捕殺を厳禁せるを以て、民以て告ぐ。官、吏をして之を監視せしめ、命じて其の骨を郡の大原荘の福源寺に瘞めしめ、号して鶴塚と為す。時に十一年春三月なり。今兹、寺僧の立石、事を紀して、余に銘を為らんことを請う。銘に曰く、鶴、此に止まり、多く、霊祀を積み、幽渺なり、命に大期有りて、其の一摧傷す。網の羈するに匪ず。頳首砂のごとく褪せ、素翎霜のごとく澌きぬ。魄は、黄壚に帰り、神は、瑤池に昂る。吁仙なるか、非か。異を旌して、碑を建つ。寛政十年戊午夏六月淡海六如釈慈周撰」となる。秦の徐福が不老長寿の薬を求めて日本に渡り、富士山麓に至ったとの故事や道教の神仙思想にある人が死んで鶴になるとの考えに関連した話となっている。

分類⑦

鶴塚

滋賀県安曇川町三尾里

満願寺の宝塔とか鶴塚の宝塔とよばれる鎌倉時代に造られた高さ約四メートルの石造宝塔であり、次のような鶴塚伝説が残されている。「昔々のある日のこと、猟をしていた一人の武将が一羽の鶴を弓矢で射落として、草の中へ落ちた鶴を拾いに行きますと、射落としたばかりの鶴の首がありません。犬にでも喰われたのかと、その首のない鶴を持って帰りました。そして一年が経ちました。冬空に飛ぶ鶴を今年も見事に射落としました。すると、射落とした鶴の羽の付け根に、干からびた一つの鶴の首を、しっかりと抱えているではありませんか。去年に射落とした首をなくした鶴と、今射落とした鶴とは夫婦だったのです。雌雄の鶴の純愛に心を打たれたその武将は、自分の弓矢で命を奪ってしまった二羽の鶴を弔うために、この塔を建

てて鶴塚と名付けた」　分類⑦

白鳥塚

三重県亀山市能褒野

景行天皇の命による東国征討を終えた倭建命《やまとたけるのみこと》は能煩野で命果てるが、その建の墓と言われる白鳥塚（王塚古墳）が現存している。熱田神宮を出て息吹山の神を討ちに行った建はその神の祟りにより氷雨にうたれて病気になり、当芸野、杖衝坂、三重村などを経て能煩野に至って最期をむかえた。古事記の景行天皇の部に「ここに倭に坐す后等また御子等、諸下り到りて、御陵を作り、すなはち其地のなづき田に匍匐ひ廻りて、哭きまして歌ひたまひしく、なづきの田の　稲幹に　稲幹に　葡ひ廻ろふ　野老蔓（三五）とうたひたまひき。ここに八尋白智鳥に化りて、天に翔りて浜に向きて飛び行でましき。」とあり、大和から下ってきた后達や子供達により建の墓が造られたこと、そして建は大きい白い千鳥となって、空に飛び立って、海に向かって飛び去ったことが記されている。この墓が白鳥塚であるとされる。なお、白鳥が飛び立った後、羽をやすめた場所にも建の墓とされる白鳥塚がある。それは御所市富田の「琴弾陵」と羽曳野市軽里の「白鳥陵」である。分類⑦

鶯塚《うぐいす》

大阪府大阪市北区長柄中

一六七五年刊の蘆文船巻六によると、「此所を。鶯塚と名つけたる事。むかし。此邊に富める人一人子を愛せり。此子鶯を飼て置こと年久しくなりぬ。しかるに。此子例ならぬ身となり常なき。風にさそはれ。此世を。はやうして。はかなくなりぬ。父母かなしみに絶入。若を先にたて。つれなく残りけり。うき世のほどをうらみ。ある時。彼母鶯に向て物いひけるは。なれは誰をよすがとし。今よりのちは。此家にいるきそあれは。実鳥類とはいへとも。此言葉をや。ききしりにけんこゑのかぎり出して。其の儘死にけるとなり。則其鶯を埋みし所なれはとて。今鶯塚とていひけり。」とある。元はこの地に小丘があり、その上に五輪塔と鶯塚と刻んだ石柱があったが、今はその石柱だけが残った状態である。分類⑦

鵺《ぬえ》塚　大阪府大阪市都島区都島本通

塚の説明文には「近衛天皇の仁平三年（一一五三）京の御所・紫宸殿に夜ごと鵺という怪獣が現れ、帝を悩ませていました侍臣の源三位頼政が矢で射落としたところ、この鵺は頭がサル、胴がタヌキ、四肢がトラ、尾が蛇の姿をしていました。これを丸木舟にのせて淀川に流したところ、当時湿地帯であったこの地に漂着しました。祟りを恐れた村人たちは、土に埋め、ほこらを建てて鵺塚と呼び、ねんごろに祀ったと伝えられています。現在の塚は、明治の初め大阪府が改修したもので、ほこらも昭和三二年（一九五七）に地元の人々によって改修されました。この鵺のデザインは大阪港の紋章として使用されています」とある。鵺については平家物語に詳しく記されている。なお、芦屋と京都にも鵺塚があるが、京都岡崎の塚は壊され、埋蔵物は東山の月の輪南陵に移された。分類⑦

鳥塚　東京都台東区上野公園、弁天堂

東京食鳥鶏卵商業共同組合、諸鳥類の霊魂を永久に慰めるため建立。一九六二年三月二十四日。分類⑥

●亀《かめ》

スッポン感謝之塔　東京都台東区上野公園、弁天堂

塔の表には「スッポン感謝之塔　蘇叟九十二」と記され、裏面には「夫れ天地自然の恵は宏大無邊　萬物の上に洽く慈悲を垂らし給ひ各其の□を得せしめ　共に其の生を享受せしむるところのものなり　凡鼈と雖も其の分に従ひ　洋の東西を不問　人類世界に貢献しきなり　其功や正に廣大にして加ふるに親愛され来れること亦久し　我國に於けるや　遠く人皇四拾五代文武帝元年九月　近江國より白鼈を朝廷に献じたりと古記に明らけく以来宮中の大祭禮祀等御儀式に際しては

御供えものとして珍重来れり　近くは宮内廳に於て御陪食の餐膳に上せらるるの榮に浴すること屢々なり　仰く今を溯ること三百六十有餘年の昔　村上家の始祖御薬師如来の霊夢を験し之を食みしところ豁然として起死回生の神効を賜りたりき　再来此の霊効を人類に洽く頒ち弘めむことを天よりの使命と深く體し　今日第拾八代目當主能く是を傳承せるものなり　契鼈の法古により呼吸器疾患唯一の民間療法として人口に膾炙し時代の変遷に伴ひ漸に健康管理就中營養或は美容の源泉として尊ばるるに至れり今日其の用に供せらるるもの寔にその数を知らざるもの現状といふべし　因に慈に鼈の愛好家徳富蘇峰先生御揮毫になるスッポン感謝之塔の八字を刻し以て萬謝の一端とする次第　冀くば此の微意を掬ふ　スッポンよ　瞑するあらば　望外の欣び之に過ぐるものなし　スッポン滾って百までも　明るく樂しく　美しく　昭和丁未中秋下浣　村上本家第拾八代　當主　村上友次郎　謹白」と記されている。分類⑥

南海霊龜碑

静岡県浜松市坪井、東光寺

碑文には「文化七年（一八一〇年）初秋の夜中海上は風雨激しく雷まで鳴って遠州灘は非常に荒れた夜が明け嵐の過ぎ去った海辺には息の絶えた亀が打ちあげられ　それを見た村人たちは深く哀れみ　酒をあげるなどして手厚く葬った　翌年八月の末　人々は亀が海神の使者として海上かなたの他界（あの世）と現世（この世）を行き来する霊能の持ち主であることをあがめ　さらに海の安全と豊漁とをあわせ願って亀型の台座に経巻六角柱を乗せた供養塔を建立し、その信仰心が末永く続くよう念じたものである　平成十三年八月吉日」と記されている。六角柱に彫られた経文は風化して判読が容易でない。海亀の墓は各地に建立されて多数現存しているが、小島孝夫編「海の民俗文化―漁撈習俗の伝搬に関する実証的研究」に詳しい記載がある。分類①

海亀之霊　千葉県銚子市川口町、川口神社

昭和三十五年六月建立。分類①

亀塚　静岡県磐田市、観音寺

説明板に「アオウミガメは、古くから福田の漁師たちの守り神として祭られてきました。福田の海岸へ来てお産後の疲労で、帰るべき海の方角も分からなくなり松林の中や砂浜の丘であえなく死んだ数多くの海ガメの霊をなぐさめる為と航海安全を祈願して建立されています。」と記されている。昭和四十二年九月吉日建立、大應成典。併せて放生会を行った。分類①

亀塚大明神　静岡県御前崎市御前崎中原亀塚

「慶応二年　寅年六月十六日　二十三日　彦八船　甚兵衛船」分類①

亀塚　和歌山県紀宝町井田

平成十年六月建立。分類①

亀龍神　千葉県天津小湊町、布入弁天堂

慶応二年（一八六六）建立。分類①

亀の松　静岡県袋井市西同笠

浅羽町教育委員会の由来書に以下の解説がある。「遠い昔は浅羽平野の一帯が海だったといわれている。この亀の松はその頃からあったと言われ、伝説によると今から六百年位前（永和年代か）のこと、この地方に大地震が起こり、同時に発生した津波は村里を襲って多数の人びとが行方不明になりました。その時、村一番の好青年と言われた男も一瞬にして最愛の妻と幼な子を津波にさらわれてしまいました。嘆き悲しんだその男は村の鎮守様に一生懸命お祈りをし、その夜家に帰って床に入り、うとうとしたかと思うと世

にもまれなる美女が訪ねてきて、『あなたの子供がこの先の海辺にいるから案内しましょう』というので、男はびっくり仰天しながら、その女の案内でここまで来ると女はふと消えてしまった。男がよく見ると、そこには流れ着いた木端の山があってその上に行方不明だった我が幼な子の無事な姿がありました。そして、その木端の下に大きな亀が一匹死んでいた。男は、妻が津波の中で亀に化身して我が子を助け、鎮守の神も男の願いを入れて木端で子供を守ってくれたと深く感謝して一本の松をここに植えて亀を葬り、木端の一部を鎮守様に祭ったという。この松はその時の松で、樹姿も亀に似ているところから〝亀の松〟といわれ、漁師が伊勢参りをする時には海の安全を祈ったという。」遠州灘沿いの村々にはウミガメの死体を丁重に埋葬して亀塚とする習慣があった。なお、初代の松は平成十八年に枯れたので二代目の松が植えられた。分類①

蛇《へび》

蛇之塚

神奈川県横浜市旭区白根

昔、二俣川大池には大蛇が住みついていて、水害から田畑を守ってくれると考えられて村人から水神のように崇拝されていた。明治の初めに大池に出た大蛇を白布で担ぎ、ここまで運んできて百日紅の木の下に埋めた。信仰の厚かった村人たちは池の主の子孫を手厚く葬って塚を建てたという。また一説には明治の末頃、人力車に乗った老婦人が白布におおわれた箱を持ってやってきて、読経とともにその箱が安置され祀られた場所が現在の蛇塚であるという話も伝わっている。分類①

白蛇塚

京都府京都市北区、北山鹿苑寺

鎌倉時代の有力公家・西園寺公経が営んだ別業の遺

構である金閣寺の安民沢の中之島にある多層石塔が白蛇塚である。池の水が涸れることがないことから、雨乞いの場となり、西園寺家の鎮護となっていた。白蛇は雨を呼ぶとともに幸運をもたらすと考えられた。分類①

蛙

かえる

蛙塚　東京都荒川区西日暮里、南泉寺

蟇《がま》蛙の皮をなめした靴や袋物を製造していた国際産業株式会社が海外で行われた万国博覧会に製品を出品したところ好評で、会社は大繁盛した。報恩のために一九一七年五月十三日に塚を建立して供養した。現在では蛙の革製品は製造していないが、以後五月十三日に社員全員で供養することになっていて、いまでも法要が行なわれる。分類⑤

蝦蟇塚　東京都新宿区四谷、笹寺

慶応義塾大学医学部生理学教授であった加藤元一博士は麻酔部における神経伝導の不減衰説を唱えたことで知られるが、自説を説明するために蝦蟇をソ連で開催された学会に持参し、実演したことで有名である。墓石の右側面の金属板には次のような碑文がある。「蟇塚　慶応義塾大學医学部生理學教室ニ於テ実験ニ供シタル諸動物供養ノ為ニ之ヲ建ツ　昭和十二年五月　医學博士　加藤元一　門人一同」また、台座の左側面には博士の署名入りの英文が彫られている。〝JUNE, 1957 IN TOKEN OF THANKING FOR THE ANIMALS SACRIFICED IN THE EXPERIMENTS OF PHYSIOLOGY PROF. GENICHI KATO KEIO UNIVERSITY〟　分類⑤

食用蛙供養塔　東京都江戸川区船堀、法龍寺

江戸川区教育委員会の説明文によると「本寺山門前にある。食用蛙は昭和の初め頃から区内に生息するよ

うになり、池沼や蓮田、水田などが多かったので自然に繁殖を続け、輸出する程に到った。当時は都条例で捕獲は許可制となっていたが、終戦後はこれを捕え加工業者に渡して生計を保つものも現れた。この供養塔は、東京都食用蛙組合によって、昭和二十七年に建立された珍しいものである。昭和五十二年十一月　江戸川区教育委員会」となっている。　分類⑥

蛙塚　岡山県津山市久米南町里方、誕生寺

松尾芭蕉の百回忌を記念して全国各地に建立された芭蕉の句碑の一つで、「古池や蛙飛びこむ水のおと」という句が刻まれている。分類⑩

蛙塚　京都府井出町井出

「蛙塚」と刻まれた石柱があり、隣接した別の石柱に「井提蛙旧蹟　昭和三年秋稟京都三宅安兵衛遺志建之」と記されている。玉川の清流や玉の井の湧き水で名高い井出の里は万葉の時代から多くの和歌に詠まれてきた。「音に聞く　井出の山吹みつれども　蛙の聲はかわらざりけり」という紀貫之の歌碑がある。分類⑩

● 鰻《うなぎ》

鰻供養塔　長野県岡谷市川岸東

平成十四年年二月十一日建立、観光荘。分類⑥

鰻霊塔　静岡県舞阪町弁天島

五メートルもあろうかという鰻霊塔である。一度移設されたと聞く。碑の説明文によると「昭和十一年十一月二十二日東海三縣養魚組合聯合会駿東三川魚商組合濱名水産会主催ノモト 一鰻霊供養並放生会ヲ此ノ地ニ於テ挙行ス仏戒ニ戒遮持犯トハ雖モ年々東海三縣ヨリ算出スル養鰻ハ二百万貫ニ及ビ吾人ノ活動ノ原動力トシテ食膳ニ供サレ栄養食料品ト謳ハル之等数多ノ犠牲トナル鰻ノ生命ニ対シ均シク感謝ノ念禁ズル能

ハズ鰻霊ノ冥福ト偉大ナル功徳に対シ未来永劫慈悲ヲ垂レ賜ハンコトヲ祈願セムトシテ茲ニ魚藍観世音大菩薩ノ建立ヲ見タル所以ナリ請ヒ願ハクハ斯業ノ圓満ナル発展ト魚族ノ繁殖ニ一段ト光明ノ現レムコトヲ
昭和十二年九月二十三日　建之委員長鈴木六郎
中島松園書　松下誠宏刻」となっている。碑文は時の知事の直筆で、全国から鰻霊塔費の寄付を集めている。分類⑥

うなぎ供養碑

柳川市坂本町、日吉神社

昭和四十二年七月に鰻の養殖業者、問屋、料理組合などの関係者により建立され、供養祭が行われ、鰻の放生もなされた。分類⑥

うなぎ供養之碑

静岡県静岡市丸子、歓昌寺

静岡市蒲焼業組合により平成七年に建立された。碑には「うなぎ供養之碑　静岡市蒲焼業組合　建之　平成七年七月吉日」と刻まれている。分類⑥

● 河豚《ふぐ》

ふぐ供養碑

東京都台東区上野公園、弁天堂

建立者、ふぐ料理連盟。一九六五年東京ふぐ料理連盟建立の碑で、碑の文字は岸信介の書である。建立趣旨の碑文に「世俗に『ふぐは食いたし命は惜しし』という文句がありますが昔は相當多くの中毒死者を出したものであります　私共ふぐ料理業者はこの天下の珍味のふぐを安心して都民の皆様に料理して提供したい念願から昭和五年ふぐ料理連盟を結成し古来秘密にされていた料理法も講習會などを開催してふぐの毒素を除去する調理法を組合員に公開　完全調理したふぐは安心であることを世人に認識せしめたのであります
大東亜戦争の折り食糧難のため東京都に於て雑炊食堂開始にあたり當連盟は率先之に加わり各漁場に今迄廃棄していたふぐを中央市場に出荷するよう要請し完全除毒したふぐの雑炊を一般都民の方々に供し食糧難の

一端に寄與したのであります　斯くしてふぐの需要は年々増加の一途をたどり中毒者は極限されてきたのであります　昭和二十四年東京都衛生局より當連盟に對しふぐ調理師試験實施について協力方の要請があり連盟は社會公共福祉のため全幅の支持をもってこれが実現を圖り努力を續けた結果今日では東京都のふぐ中毒者は皆無になった次第であります　私共はこの天與の玉饌として天分を果たした幾千萬のふぐの霊に満腔の感謝をささげ今後絶對安心してふぐを召し上がられることを祈念し茲に別記會員有志の協力によってふぐ供養碑を建立した所以であります　昭和四十年九月吉日　建之　東京ふぐ料理連盟　會長　宮崎　登識」と記されている。分類⑥

海老《えび》

海老塚　東京都中央区築地、波除神社

東天会てんぷら料理協同組合により一九七三年建立。分類⑥

蟹《かに》

蟹塚　滋賀県甲賀市南土山蟹が坂

土山の町並みを愛する会の平成十六年三月設置の説明文には、「蟹塚には、名前にちなんだ話が伝えられている。昔、鈴鹿の山に大蟹が住み着き旅人や村人を苦しめていたところ、観音様の命を受けた都の高僧が鈴鹿に訪れ大蟹にお経を唱えると、大蟹の甲羅が八つに裂けたという。塚はその大蟹の甲羅を葬ったものであるといわれている。またこの話しには、蟹が盗賊であったり、高僧が武士である場合もあり、街道の名物であった蟹が坂飴もこの「カニ」伝承を由来として伝えられてきた。」と記されている。分類⑦

魚《さかな》

鰹塚

東京都中央区佃、住吉神社

神社の前が廻船の港であったことから、廻船問屋筋の信仰が厚く、境内に鰹塚が築かれた。姿節需要の全盛期に鰹節の需要喚起策としてポスター、パンフレットが作成され、東京鰹節類御商業協同組合、株式会社東京鰹取引所により鰹塚も建立された。慰霊とＰＲ策をかねてものであった。この完成までに二、三年の歳月がかかり、一九五三年五月建立、一九五四年十一月五日に除幕式が執り行われた。「鰹塚」の碑文は中弥店主、山崎弥兵衛節堂建設委員の書である。毎年四月二十日の東京鰹節類卸商業協同組合の総会に際し、社殿において大漁祈願祭を行い、その後塚前において慰霊祭がおこなわれる。碑の裏には池田弥三郎撰の鰹塚縁起が銅板に彫られているが、部分的にしか判読できない。分類⑥

鮭塚

福岡県嘉麻市嘉穂、鮭神社

遠賀川には上大隅から河口までの間に百以上の堰があるが、これを鮭が無事に遡上してくれば、その年は豊作であり、この鮭を途中で捕らえて食べれば災禍に遭遇するといわれ、村の氏子の人々は鮭を食べない風習が残っている。鮭は神の使いであると考えられていた。鮭神社の献鮭祭は十二月十三日に鮭を鮭塚に葬って、五穀豊穣を祈願する儀式である。境内にある鮭塚は明和元年（一七六四）に建立された。碑には「説日為海神使毎年鮭来此処童子殺之妥大隅駅福沢氏当社献之産人欲残来世建験矣、明和元年甲申天仲冬吉」と記されている。日本各地にある鮭塚（例えば、北海道石狩市浜町に「鮭供養之碑」がある。）は鮭の恵みを感謝して、鮭霊を慰め、豊漁を祈願するためのものであるが、ここの鮭塚は豊作祈願するものである。分類①

鮪《まぐろ》塚

東京都中央区築地、中央卸売市場

一九五四年三月に南太平洋のビキニ環礁での米国

の水爆実験で放射能被爆した第五福竜丸の元乗組員大石又七さんらが反核と平和を訴えるためのプレートを一九九九年三月、築地市場の正門近くの壁に設置した。当初、反核を訴えるマグロ塚を建てようと十円募金を募り、子供を中心に約二万二千人から計約三百万円を集めた。石碑を建てたいと希望したが、都より設置場所がないなどと言われたため、代わりにプレートを作った。築地に設置された理由は被爆した鮪などが大量に築地で処分埋葬されたからである。分類⑧

鮟鱇塚　東京都港区築地、波除神社

「父の意を承け建立　尾邦　三浦啓雄」昭和四十八年七月。分類⑥

すし塚　東京都港区築地、波除神社

昭和四十七年十一月一日建立。東京都鮨商環境衛生同業組合。横にすし塚の由来を記した碑がある。分類⑥

活魚塚　東京都港区築地、波除神社

昭和五十八年五月建立。東京都築地魚市場活物組合、組合長　水留　石川留吉。分類⑥

魚塚　東京都台東区上野公園、弁天堂

東京魚商業協同組合建立の塚であるが、台座には次のような設立趣旨が記されている。「設立趣旨　四面海にかこまれた我が国では古来から魚介類が海の幸として、また国民の蛋白補給源として食生活の上に重要な役割を果たしている。因みに東京都における魚市場の歴史は徳川家康が幕府を開いた慶長八年に始まり、いわゆる魚河岸と称され、當時魚屋の心意氣を表徴した一心太助の人情噺は魚河岸の発展とともに江戸の華としてその活躍が人々に云い伝えられた。私共水産小売業者は年々全国各地で水揚げされる水産資源に感謝すると共に當組合一同が謹んで魚の霊を悼み、組合創立五十周年を機会に供養のためこの塚を建立して慰霊の年を新たにする。昭和五十一年九月吉日建之」分類⑥

魚霊塔　静岡県沼津市平沢、正眼寺

昭和六十三年四月吉日、渡邊稔建之。分類⑥

湖魚供養塔　滋賀県大津市真野、鮎屋

琵琶湖産魚の供養。角柱に「湖魚供養塔　鮎鯉鮒鰭鰻　鮇淡老蜆鱒　平成元年一月吉日建之　願主　斉藤利彦」と刻まれている。分類⑥

●蚕　かいこ

蟲救護碑　滋賀県日野町小井口、松林寺

表には蟲救護と刻まれ、裏には汝是蟲歸衣三寶發菩提心　明治三十年六月　天台座主と刻まれている。蚕供養の碑である。分類④

蚕御霊神塔　神奈川県横浜市泉区和泉町

平成六年三月に横浜市教育委員会により設置された説明板には「横浜市地域有形民俗文化財　蚕御霊神塔　平成五年十一月一日　登録　所有者神明社　現在、泉区和泉町三六九六番地に所在する本塔は、明治十一年に建立された角柱塔で、その規格は、高さ七〇・五センチメートル、幅三三センチメートル、厚さ三一センチメートルを計ります。塔の背面には、慶応二年（一八六六年）三月に、霜害のため桑が枯れてしまい蚕を育てることができなくなり、蚕を地中に埋めてしまったことが記されているとともに、台石には、六十余名（六十二名）の連名が見られることから、一村あげて、その時の蚕の慰霊を行ったことを知る貴重な資料です。」と記されている。なお、群馬県箕郷町柏木沢に桑の雹《ひょう》害のため処分された蚕のための「蠶影碑」がある。分類④

● 蝉《せみ》

せみ塚　山形県山形市山寺、立石寺

松尾芭蕉は奥の細道紀行の折、立石寺を訪れて「閑かさや岩にしみ入る蝉の声」を発句した。その句をしたためた短冊をこの地に埋めて、石の塚をたてたもので、せみ塚といわれている。分類⑩

● 昆虫《こんちゅう》

昆蟲碑　岐阜県岐阜市大宮町、名和昆虫博物館

岐阜公園の一画に名和靖が設立した昆虫博物館（大正八年十月二十六日開館）、記念昆虫館（明治四十年竣工）があり、記念昆虫館の横に昆蟲碑がある。高さ二・一五メートルの碑の裏面には「揮毫　真宗本願寺派管長事務取扱六雄澤慶　意匠　正五位勲四等工学博士武田五一　大正六年十月八日　還暦記念　名和靖建之」と記されている。名和は明治二十七年京町に名和昆虫研究所を開設し、明治三十七年に岐阜公園に移ったが、昆虫採集、害虫駆除、益虫保護に尽力し、多くの研究成果を収めた。ギフチョウの発見者としても知られる。二棟の洋館と碑の設計者である武田は当時の先駆的洋風近代建築を多く残している。分類⑤

善徳虫塚　福井県敦賀市色ケ浜、本隆寺

天保七年（一八三六年）建立。分類⑤

善徳塚　福井県小浜市次吉

次吉と栗田との境の山麓に善徳塚と呼ばれる高さ七五センチの虫供養碑がある。碑の中央に「南無妙法蓮華経善徳蟲供養」、左右に「諸悪虫輩」「交横馳走」、そして、文政三年（一八二〇年）に国富庄の村々から

の寄進により建立されたことが記されている。善徳虫というのはクロカメムシのことで稲を食い枯らす害虫である。善徳虫については、江戸中期の学者木崎惕窓の「拾椎雑話」に次のような記述がある。「小浜の国富庄で善徳と呼ばれる虫がわいた。それは大きな豆粒ほどで、色が黒く、肩がいかり、角があり、羽があって飛び立つ。秋稲を食い枯らす。善徳虫は次吉村の山の間からわき出して、近辺は稲を作ることができず、みな大豆を植えた。和久里村や府中村へもわたり、はびこった。役所は、貧しい人たちに虫を拾わせて一升につきいくらと銭を与えた。虫が少なくなるまでに多くの銭を必要とした。善徳虫をとる手は黄色に染まった。その虫を海に捨てたところ、小松原の漁師たちが虫を食った魚は毒だといって買う人がなく困惑していると役所に申し立てたため、次吉村と奈胡村の山すそで焼き捨てることになった。このとき、虫を俵に詰めて積み上げたところ、およそ五十俵にもなった。」「昔、奈胡村に善徳という、銀を蓄えた独り身の男がいて、ひそかに殺されたという。この亡魂が虫となって近くの村に害をなす。それで、善徳虫と呼ぶ。」古くからウンカなどの害は罪の結果であると考えられ、延喜式にも「昆虫之災」は罪と定められている。当時の人々も害虫の発生は神の怒りや怨霊の祟りと考えて恐れ、神仏に加護を願った。「虫送り」という稲の虫除けと豊作を祈願する行事があり、今でもで行っているところがある。源平合戦のとき、斎藤別当実盛は木曽義仲の奇襲によって加賀国で討たれたが、そのとき稲の株に足を取られて討ち死にしたので、実盛の霊が稲の害虫になって、その後何年も凶作が続いた。そこで、実盛に子供の頃世話になった義仲は実盛の供養と豊作祈願のために虫送りを始めたという言い伝えがある。なお、敦賀市色ケ浜にも善徳虫塚がある。また、富山県福野町には「蝗塚」、札幌市西区手稲には「バッタ塚」がある。分類⑤

虫塚

奈良県橿原市久米町、久米寺

表面には「虫塚　奥野誠亮書」、裏面には「昭和五十八年七月吉日　施主　奈良県毒物劇物取扱者協会　協賛　奈良県医薬品小売商業組合」と刻まれている。顕彰碑には「昭和五十七年七月　奈良県毒物劇物取扱者協会創立二十周年記念に薬物により一殺多生自然の原理とは言え影響を受けた虫霊の法要を毒劇物取扱者が久米寺で営んだ　その機会に虫塚建立の気運が高まり建立実行委員会が組織され　実行委員長に毒劇協会長塚本信男氏　医薬業界にも関係深い堀本文男氏を財務委員長に選出し久米寺並に関係者の厚意を得て一年近い経過を経て昭和五十八年七月八日虫塚完成建立開眼法要が厳粛に執行された　又虫塚顕彰維持に広く薬業界で奈良県虫霊碑奉賛会が結成され毎年初夏紫陽花咲く頃　虫霊法要が営まれ平成十三年七月十日　建立開眼二十周年を迎えた（後略）平成十三年七月吉日　奈良県虫霊碑奉賛会　会長　堀本文男　役員世話人一同」と記されている。なお、高野山には日本しろあり協会が建立した「しろありやすらかにねむれ」と刻した白蟻供養塔がある。分類⑤

蟲塚　茨城県つくば市観音台、農業環境技術研究所

旧農業技術研究所昆虫科の関係者により昭和六十年六月に建立された。分類⑤

蟲塚　東京都台東区上野桜木、寛永寺

台東区教育委員会の説明文には、「虫塚は伊勢長島藩二万石の第五代藩主である増山雪斉の遺志により、写生に使った虫類の霊をなぐさめるために文政四年（一八二一年）建てられたものである。増山雪斉は宝暦四年（一七五四年十月十四日）江戸に生まれた。本名を正賢といい、幼名は勇之丞、字は君選、雅号に雪斉、玉園、蕉亭、石顛道人、玉淵、松秀園など多くがある。江戸の文人太田南畝や松阪の豪商木村兼葭堂など、広く文人墨客と交流を持ち、その庇護者としても活躍した。自ら文雅風流を愛し、清朝の画家、沈南蘋に代表される南蘋派の写実的な画法に長じ、多くの花鳥画を描いた。中でも虫類写生図譜「虫豸帖」はその精緻さと本草学に則った正確さにおいて、殊に有名である。安永五年（一七七六年）二十三歳で遺領を継ぎ、当代一流の文人大名として知られたが、文政二年六十六歳で没した。虫塚は、当初、増山家の菩提寺子寺勧善院内にあったが、昭和初期に寛永寺に合併さ

れたため、現在の場所に移転した。勧善院は、四代将軍徳川家継の生母で、増山氏の出である宝樹院の霊廟として創建された。碑は自然石で、正面は葛西因是の撰文を大窪詩仏が書し、裏面は、詩仏と菊池五山の自筆の詩が刻まれている。当時の有名な漢詩人が碑の建設に関わったことが知られる。」と記されている。なお、廃筆もともに埋められている筆塚でもある。沈南蘋は一七三一年に長崎に来日したことのある清の花鳥画の大家である。分類⑤

●そのほか

生物供養碑

静岡県沼津市井出、大泉寺

平成四年十一月に建立された比較的新しい大きな石塔である。碑には「十方国土虫魚鳥獣草木含識供養塔」と刻まれている。地域の有志によって造られたもので、毎年仏式により供養祭が行われる。日本大乗仏教の草木国土悉皆成仏という思想と関連がある。分類⑤

軍馬軍犬軍鳩慰霊碑

愛知県名古屋市中区、名古屋城外堀

表には馬、犬、鳩の半肉彫像があり、第三軍団と刻まれている。裏には、昭和十四年六月建立　建設代表者　愛知県畜産組合聯合会　醵出者　伊藤次郎左衛門以下多数の個人及び団体名が記されている。軍に徴用された軍用動物の慰霊のための大型碑である。分類④

清露戦役牛馬碑

滋賀県東近江市蒲生町川合、願成寺

日清、日露戦役に従軍した牛馬の供養碑で、表面に馬頭観音半肉彫像がある。明治三十九年建立。分類④

戦没軍馬軍犬軍鳩霊之碑

滋賀県彦根市尾末町、護国神社

銅像の台座裏の碑文には「戦没軍馬軍犬軍鳩を慰む　昭和二十年の終戦を迎えるまで幾多の戦役に従い傷病に斃れあるいは海没となり草むす屍水漬く屍となり一頭も故国に帰らずして終わる軍馬軍犬軍鳩幾十幾百万とも数知れず。祖国の護りのため英霊と運命を共にした無言の軍馬犬鳩の尊い犠牲をしのび永くその功をたたえると共にその霊を慰むる一端として有志の主唱により県内は勿論全国から五阡余名の方々の浄財を得ここ彦根市尾末町一番地滋賀県護国神社内に慰霊銅像を建立し安らかな眠りと永遠の平和を希う　昭和六十一年十月一日　戦没軍馬軍犬軍鳩慰霊塔建立委員会　題字　彦根市長井伊直愛謹書　原型　神馬　北村誠峰　神犬鳩　林史　鋳造　四津井工房　台座　松井石材店」とある。分類④

日清戦役軍馬碑

東京都渋谷区恵比寿、台雲寺

日清戦争に従軍した軍馬の供養のために明治三十年に建立された碑である。碑には「みいくさを　のせるのみかは　かてをさへ　はこぶも馬の　ちからなりけり」という歌が刻まれている。分類④

どうぶつ慰霊碑

愛知県名古屋市千種区、東山動物園

昭和十二年、六月に開園した東山動物園は十二月に木下サーカスから、「マカニー」、「エルド」、「アドン」、「キーコー」の四頭のインド象を購入した。以前から飼育されていた『花子』を加えた五頭は動物園の人気を支えることになった。木下サーカスが貴重な象を手放したのは戦争の影が迫っていたからであると言われている。昭和十九年十二月の名古屋大空襲の日、治安維持を理由にライオンほか、多数の猛獣が軍部により射殺されたのをはじめ、戦争により多くの動物が犠牲になり、戦前二七九種九六一点いた動物のうちで終戦の日を迎えることの出来た動物は、象のエルドとマカニー、チンパンジーのバンブー、鳥類二十三羽だけであった。エルドとマカニーは動物園関係者の必死の努力により射殺をまぬかれたのである。五頭の象の内、花子は十四年一月、キーコーは十九年二月、アドンは二十年一月に、それぞれ死亡した。生き残った二頭の象は戦後の東山動物園の大スターとしてショウで活躍した。廃墟からようやく復興した昭和三十年六月十七日、動物園の象徴であるマカニーとエルドが、担当の飼育係を踏み殺すという事件が発生した。この事件は全国の子供たちに愛され、親しまれてきた人気者のおとなしい象が起こした事件だけに関係者のショックは計り知れないものであった。エルドとマカニーは昭和三十八年九月と十月にそれぞれ静かにこの世を去った。その死は、二頭の固い結びつきを示すようなものであったという。かつて、マカニーとエルドの人気を知った東京の子供たちが、都知事を立てて象を一頭譲って欲しいと陳情運動を起こした時、しばらく貸すことになったが、二頭の結びつきは強く離すことができなかった。マカニーを貸そうとして離したところ、エルドは頭を壁にぶっつけて血を流して抵抗し、悲しい、大きなラッパ音をとどろかせ、気が狂ったように暴れたという。二頭の象のための慰霊碑が、他の動物と一緒に建立された。分類④

動物慰霊碑　東京都台東区上野公園、上野動物園

碑には「どうぶつよ安らかに　古賀忠道書」と彫られ、上にブロンズの像が置かれている。説明板には「動物慰霊碑は、動物園で死亡した動物の霊をなぐさめるためのものです。最初は昭和六年に現在のシロテナガザル舎付近に建立され、戦争の犠牲となった動物たちも供養されておりました。この慰霊碑は、昭和五十年九月、園内の改修にあたり、新たに建立されたものです。ブロンズのリボンは動物への愛情と弔意を表し、ふくろうは動物の霊をみまもってくれる象徴としてえらばれたものです。」と記されている。分類④

萬霊塔　京都府京都市、京都市動物園

昭和七年八月建之。数回移設されたが、現在地には開園百周年記念に当たる平成十五年九月一日に移設された。仏式の慰霊祭が一般参加で行われている。碑の前に設置されている碑文には「いのちのたいせつさをおしえてくれてありがとう　やすらかに　おねむりください　京都市動物園１００周年記念」と記されている。分類④

動物慰霊塔　愛知県豊橋市大岩町、豊橋総合動植物公園

裏面には「昭和十二年六月　神戸小三郎書」刻まれ

ている。動物園で死んだ動物たちに対する感謝と供養のための碑であり、昭和三十年より慰霊祭が行われている。分類④

軍馬軍鳩之碑 （大阪市住之江区、護国神社）

護国神社境内に設置されている軍用動物慰霊碑八基の中の一つである。第二次世界大戦に際し、中国に出兵した第三十四師團通信隊の戦没者慰霊碑に併設されている。昭和五十九年三月に戦友一同により建立された。分類④

軍馬軍犬軍鳩慰霊碑 （大阪市住之江区、護国神社）

「軍馬軍犬軍鳩よ安らかに眠れ」と刻されている。第二次世界大戦に際し、中国満州に出兵した歩兵第百八聯隊戦友一同により昭和五十三年十月十五日に建立された。分類④

犬猫供養碑 東京都墨田区両国、回向院

邦楽器商工業者（後援　東京都邦楽器商工組合　協賛　全国邦楽器商工業組合連合会）により建立された供養碑である。犬猫の皮はは三味線や太鼓などの邦楽器に使用される。碑の表には「犬猫供養」、裏には「起請　邦楽に最も重要な三絃に犠牲となりし犬猫の霊を弔い　ここに邦楽器商工業者一同に依り　供養塔を建立す　永遠に請精霊の冥福を祈る　回向院第十三世　實譽清敏代　昭和三十二年春彼岸」と刻まれている。分類⑤

犬猫供養塔 東京都墨田区両国、回向院

義太夫協会が建立した供養塔である。石塔の上部には三味線観世音の石像が置かれている。分類⑤

実験動物供養碑 岐阜県岐阜市柳戸、岐阜大医学部

昭和五十一年十二月建立。分類⑥

研究動物慰霊碑

滋賀県大津市瀬田月輪町、滋賀医大

昭和五十三年二月建立。分類⑤

実験動物慰霊碑

静岡県浜松市、浜松医大

浜松医科大学長　吉利和書の慰霊文字「実験動物慰霊碑」が刻まれている。分類⑤

実験動物慰霊碑

三重県津市、三重大医学部

一九八五年設置の石碑と石碑文とがある。石碑には「実験動物慰霊碑」と刻まれ、碑文には「生きる営みを援助する業にたずさわる私達は自らの手であえてあなたの生を絶たざるを得ませんでした。『医学の進歩のため』のみでは許されきれない贖罪をこの地に求め、碑に印します。安らかに眠らんことを」と記されている。また、毎年一回、動物実験感謝式が行われ、式次第は開式の辞、式辞、献花、謝辞、閉式の辞となっていて特定の宗教とは関係がない。分類⑤

実験動物慰霊碑

山梨県玉穂町、山梨大医学部

昭和五十七年十一月建立。「霊」と刻まれている。分類⑤

殉難動物慰霊碑

鹿児島県鹿児島市中山町、動物衛生研究所九州支所

昭和二十六年十月十四日、超大型台風（ルース台風）が鹿児島に上陸した。この台風で殉難した動物たちの慰霊碑であり、昭和三十二年に建立された。墓碑には「一樹の蔭」と刻まれている。分類⑤

畜霊碑

鹿児島県鹿児島市中山町、動物衛生研究所九州支所

昭和十七年建立。分類⑤

鎮魂碑

岐阜県岐阜市柳戸、岐阜大応用生物部

碑の表に「鎮魂」、裏に「為　動物慰霊　獣医科一同　昭和五十八年十一月建之」と刻まれている。旧農

学部獣医科の動物病院で死亡した動物や実験動物の慰霊のために建立された。分類⑤

動物慰霊之碑

東京都墨田区両国、回向院

碑文には、「この碑は東京都世田谷区子代田町旧陸軍獣医学校内にあったもので　同校明治以降の教育研究に犠牲となった動物及び物言えぬ戦士として戦場に散揮萃した軍用動物の霊を慰めるため　当時の学校長岡田勝男氏により建立（一九二八年）され　懇ろに祀られて来たものであるが　昭和二十年敗戦の後は全く荒廃に委ねられてきたこと、幸い当回向院並に多数援助者の厚志により　今回この地に移し永く供養し得ることとなったこと　当時それら四十数万に及ぶ軍用動物と生死を共にした旧陸軍獣医部員五千余名の深く喜びとするところである　昭和三十八年四月二十九日　紫陽会　会長　渡辺満太郎」と記されている。碑が建立されたのは昭和三年三月である。なお、回向院では日露戦争で銃弾に倒れた軍馬の葬式が一九〇五年五月に行われた。分類⑤

動物慰霊碑

東京都文京区弥生、東大農学部

動物病院の横に石碑が設置されていて、獣医学科での実験動物と病気で動物病院に入院して死亡した動物のための碑である。毎年一回、慰霊祭が行われる。特定の宗教とは関係がない。分類⑥

不忘碑

神奈川県伊勢原市、東海大医学

昭和五十二年設置の石碑がある。碑には「不忘碑　愛らしき動物たちのために」と刻まれている。毎年一回、動物供養祭が行われる。式次第は開式、黙とう、式辞、経過報告、献花、閉式となっていて特定の宗教とは関係がない。医学の教育・研究のために犠牲となった愛らしき動物たちの生命を無駄にしないように、またその犠牲の上に人の生命がなりたっていることを忘れないようにという心が込められている。分類⑤

波氣都歌《はけづか》

京都府京都市、南禅寺

京都表具協同組合により昭和四十四年八月一日に造立された。刷毛塚保存会と京都表具共同組合の塚由来文に「刷毛の起源は古く約壱千数百年の古代より創案されて絵画、染、表具、塗、その他多くの工人の製作の用具として使われ　現代に及んでいる　その毛は動物の活毛を利用しているが故に回向して刷毛の恩恵に感謝の念捧げ　我等同志が毎年八月一日を供養の日に定めている　ちなみに碑の題字は南禅寺管長柴山全慶老師の執筆である」とある。分類⑤

実験動物供養之碑

京都府京都市左京区、京大医学部

昭和四十七年八月吉日　医学部一同。分類⑤

刷毛塚《はけ》

静岡県静岡市清水区村松、鉄舟寺

清水市表具師組合により、昭和三十八年に建立された。刷毛塚由来によると「世上刷毛を必要としこれ無くしては成りたたない職業は表具師を始め塗装業其の他十指に余る業種が有り此等業者の製作物に抛り各家庭で刷毛のお蔭を受けない家はほとんど無いものと思はれますのに此の刷毛に感謝の気持ちをあらはすもよおしが無い事に気が付き我等清水表具師組合員が全国に卒先してこれを形に現はし四年目毎に使い古した刷毛を焼却供養祭を催して刷毛に感謝すると共にあらゆる物を大切にする精神を養う基いにする為建立したるもので有ります　昭和三十八年四月七日　清水市表具師組合」となっている。分類⑤

家畜獣魂碑

広島県広島市可部町

可部の牛市発祥地を記念して取り引きされた牛の霊を安んずるために明治二十五年十一月三日に建立された。発起人　獣医　鈴川利助と記されている。分類⑥

屠畜供養塔

東京都港区、中央卸売市場食肉市場

表には右から「我観一切　屠畜供養塔　普皆平等

近藤富壽題　吉川安壽刻字」、裏には発起者、賛助人、賛助金、明治三十三年五月建之などが詳しく刻まれている。最初は大崎屠場関係者により元白金屠場跡地に建立されたが、明治四十一年大教院移転以降何回か移設され、現在地に落ち着いた経緯がある。この供養塔は同市場にある三基の供養碑の中で最も古いものであるが、各地にあったと畜場がこの地に集められたのに伴い供養碑も集められた。他の二基は大正四年三月に三輪屠場に東京各地の屠獣所関係者により建立された「弔魂紀念碑」と東京牛豚問屋八日會により建立された「南無妙法蓮華経」碑である。分類⑥

弔魂紀念碑

東京都港区、中央卸売市場食肉市場

表には「如是畜生發菩提心　弔魂記念碑　浅草寺貫主大僧正亮延書」、裏には「明治四十一年始設屠場所於本邦巳来屠獣不下数十萬頭嚮肉於市場以供人食用今茲諸君子胥謀建碑弔之余為作銘曰／昔時邦人　不啖獣肉　一犯其禁　乃蒙諜黷　俗與世移　葷羶相逐　日充膳羞　以養口腹　殺身成仁　厥功堪録／癡山維高　理水可掬　貞石千年　處薦冥福　天台沙門雄舜撰」という撰文と偈が刻されている。撰文の下には三河島、三ノ輪など各地区賛助者の連名がある。碑の建立は大正四年三月である。分類⑥

南無妙法蓮華経碑

東京都港区、中央卸売市場食肉市場

表に「南無妙法蓮華経」、裏に「昭和五年八月二十一日従芝區二本榎町大教院移転為記念建之　東京牛豚肉問屋八日會」と刻まれた供養塔移転記念碑である。分類⑥

鳥獣虫類供養霊塔

静岡県磐田市、観音寺

福田町猟友会により昭和四十三年十月に建立された。分類⑥

野生鳥獣供養碑

滋賀県野洲町辻町

狩猟の対象になった鳥獣の供養碑であり、猟友会などが中心になって有志が建立した。滋賀県知事武村氏が碑文を書いている。なお、滋賀県猟友会およびその各支部はそれぞれ神社または寺院で慰霊祭、供養などを行っている。昭和五十五年一月建立。分類⑥

鳥獣供養塔

滋賀県大津市千町

昭和三十二年十月建立、滋賀県猟友会大津支部。分類⑥

鳥獣供養碑

秋田県仲仙町豊岡

昭和四十九年十一月十日建立、仙北マタギ。分類⑥

食肉動物慰霊碑（馬頭観音）

愛知県名古屋市西区、桜木公園

この地にあった屠場が中川区高畑に移転し、跡地は公園となっている。屠場で屠殺された食肉用動物の慰霊碑であるが、表には「馬頭観音」と刻まれ、裏には「櫻木町四丁目有志一同　名古屋食肉商業協同組合　名古屋食肉親睦会　日本豚商組合　昭和三十一年五月一日建立」と刻まれている。ボランテアで碑の世話をしている近所の老婆によると、屠場の関係者が碑を設置する際、公園管理者より許可が下りず、説得するのにかなりの時間が掛かり、やっとのことで設置されたとのことである。分類⑥

犬猫生物霊供養塔

京都府京都市上京区、称念寺

称念寺は土浦城主松平伊豆守信吉の菩提寺であるが、三代目住職の頃、松平家と疎遠となり、寺は荒廃していたが、ある夜、帰山した住職は、愛猫の美姫に化身して舞うのを見て怒り、追放した。数日後、猫が住職の夢枕に立ち松平家との復縁を告げ、住職に報恩し、寺は立派に再興した。以後、寺では猫の霊を厚く守護し、本堂前の老松は猫を偲んで植えたものである。このことから称念寺はいつか「猫寺」とよばれるようになった。供養塔は称念寺動物霊園にあり、昭和四十九年十月十三日建立（昭和六十三年九月改修）、願主　第二十六世英譽と記されている。分類⑨

小鳥供養塔　東京都墨田区両国、回向院

東京都飼鳥獣商協同組合により昭和三十九年に建立された。分類⑨

畜霊碑　愛知県名古屋市港区野跡、動物検疫所

農林水産省動物検疫所中部空港支所名古屋出張所野跡検疫場にある石碑で、検疫中に死亡した家畜やペットなどの動物を供養するために昭和五十年十月に建立された。毎年秋に関係者が集まり、慰霊祭が行われている。碑には「畜霊」と刻まれている。分類⑩

第4章

形式

時代によって形を変える動物塚。建立した人間の思いや立場がそこに関係しています。

動物塚の形式としては、土を盛った土塚（白鳥塚、牛桜、狐塚）、五輪塔（早太郎の墓）、宝塔（牛塔）、宝篋印《ほうきょういん》塔（猿塚）、加工石柱（猫神、孝行犬之墓）、石板（動物慰霊碑）、加工度の少ない自然石（鵜塚、籬碑）、金属プレート（鮪塚）などがあり、動物塚に固有の形式というものは特になく、人間の墓の形式をそのまま踏襲している。

日本の典型的な人墓の形式としては、縄文時代の土壙《どこう》墓、配石墓、弥生時代の支石墓、方形周溝墓、古代の前方後円墳、円墳、古代から中世にかけての五輪塔、宝塔、中世からの宝篋印塔、板碑、近世からの石柱墓が代表的なものであり、他に、卵塔、自然石などがある。動物塚の形式の時代変遷は人間のそれと一致している。塚の大きさや加工度は予算や設置場所によっているものと推定される。すなわち、設置者の立場や思い入れによって左右されるものと考えられる。

白鳥塚（三重）

早太郎の墓（長野）

牛塔（滋賀）

猿塚（新潟）

一方、塚の保存状態は設置場所や宗教性に大きく依存している。信仰の対象とされたり、社寺の境内に設置されたものは保存状態が比較的良好である。動物塚が仏教寺院に多いのは人の墓の場合と同様に考えられる。実験動物碑は動物実験が行われているほとんどの施設に設置されているが、碑の形式は石柱、石板、自然石などであり、墓碑名としては実験動物供養之碑、実験動物慰霊碑、動物慰霊碑、不忘碑、霊などがある。

動物園、水族館、動物保護施設などにも慰霊碑や供養碑が設置されている。また、近年ペット霊園も増えている。これらの碑は石柱、石板、自然石がほとんどであるが、ペット霊園には動物をかたどった像も存在する。

動物塚には大正以前と昭和以降とに一つの画期があり、昭和以降の特徴は動物関連業界団体や施設によって業の一環として建立された慰霊（供養）碑と個人建立のペットの墓が多数存在することである。それらのなかに動物をかたどった像が少なからず存在する。

寺院や業者によるペット霊園が設置されるようになったのは、ペットブームが起こった昭和のことであるが、それ以前には、ペットが人間の墓地に埋葬されるケースがあった。例えば、夏目漱石の『吾輩は猫である』のモデルになった飼猫は夏目家の墓に葬られたし、「忠犬ハチ公」は飼主上野家の墓に葬られた。ペット霊園の基本構成は個別墓、共同墓、納骨堂（ロッカー式仏壇を含む）である。墓石などは人間のものより小型であるが、春秋、盆の供養は人間よりも盛んで、供花も年中絶えることがない。

猫神（鹿児島）

動物慰霊碑（東京）

鵜塚（岐阜）

塚の構成は墓本体（墓石）だけのものが大半を占めるが、碑文、観世音菩薩（馬頭観音、魚籃観音など）、石像、灯籠、香立て、花立て、卒塔婆などを伴うものもある。馬頭観音や魚籃観音の文字が刻まれたり、像が設置されるのは動物塚に固有のものである。

墓碑銘は○○塚、○○之墓、○○碑、○○慰霊碑、○○供養塔、霊、慈、心などと刻まれている。建立年月日、建立者、願者が刻まれることは珍しくないが、戒名、経文などが刻まれているものも散見される。例えば、港区伊皿子貝塚から発掘された犬の石碑には次のような戒名が彫られている。

文政十三年庚寅
素毛脱狗之霊
七月二十日
高輪御狆白事

犬猫や鯨に戒名をつけることは珍しいことではなく、両国の回向院には江戸時代の犬猫の戒名を記した過去帳があり、伊東市十足の龍雲寺の過去帳には狐（杲相清因禅尼）と鹿（転生善女）の戒名が記されている。長門市通浦の向岸寺に伝わる過去帳には、文化・文政期（十九世紀前半）以降捕獲された鯨の全部に戒名が記されている。また、愛媛県明浜町の金剛寺に伝わる天保三年（一八三二）の鯨の過去帳には「鱗王院殿法界全果大居士」

鮪塚（東京）

という戒名がある。また、この鯨の墓が明浜町高山⿱洛石の手に残っている。院殿号は将軍や大名などにつけられる戒名で、漁民が鯨をいかに大切に考えていたかがわかる。

また、太地町の東明寺にある鯨の慰霊塔には経文の一部が記されている。

明和五戊子年春三月十有八日
願以此功徳普及於一切　懺摩一会
亡鯨衆霊塔
我等与衆生皆共成仏道　妙典石経
太地浦　願主　浜八兵衛　建立

さらに、長門市道浦の清月庵の鯨墓には「南無阿弥陀仏」の下に「業尽有情　雖放不生故宿人天　同証仏果」という諏訪明神の四句の偈《げ》と言われる狩猟者が熊や猪などを捕獲したと時に唱える呪文が彫られている。なお、食用動物の塚には梵網經の「如是畜生発菩提心」という経文が刻まれている碑が少なからずある。

義経の愛馬太夫黒の墓は隣接している佐藤信継の墓と全く類似していることは注目に値する。

現存している動物塚の形式は基本的には仏教、儒教、神道などの影響が強い人間の墓の形式を流用したものであるが、正しくはその時代の人間の墓の形式を何の躊躇もなく動物の墓に適用したというべきである。なぜなら、動物の墓は仏教や儒教の伝来よりはるかに古い縄文時代から人間の墓と同じ形式を持っていたからである。このことは、肉食主体の欧米人の人と動物との垂直型（断続的）の動物観ではなく、日本人は人と動物との水平型（連続的）の動物観を有することを示唆している。そして、日本人は動物を仲間と考え、心を通わせてきたのである。日本人は縄文の昔から、あるがままの自然を受容し、陸生獣、海生獣、魚介類、植物をバランスよく摂取し、自然を畏怖し、自然の恵みに感謝する生活を送ってきた。そのことが日本人の独特な自然観、動物観を形成してきたものと考えられる。

日本人は動物を神格化してみたり（三輪の蛇、日吉の猿、春日の鹿、稲荷の狐など）、あるいは差別してみたり（畜生、狸親父、負け犬など）するものの、縄文の昔から人も動物も同じ自然の一部として人と動物の連続的な動物観を持ってきた。科学が著しく進歩した現代においては、俗信や伝説は廃れ、動物を拝むことには抵抗感を持つ人が多いのも自然の成り行きである。動物塚の建立に込められた日本人の動物のいのちを愛しむ心を再確認した上で、生命科学、社会動物学、新動物行動学、動物生理学、動物心理学などの動物と関連の深い諸科学の成果をベースにした動物への配慮が充分になされた人と動物の新しい共生を期待したい。

第5章

写真

形式

ここからは実際に写真で見てゆきましょう。足を運んで撮りためた動物塚の数々。

上）牛桜　聖武天皇の牛塚　滋賀県甲賀市牧　土塚　分類④　牛　奈良
下）亀の松（二代目）静岡県袋井市西同笠　土塚　分類①　亀　室町

119　第5章　写真

（注）写真の説明は、①塚名　②所在地　③形式
④分類　⑤対象の動物　⑥建立時代の順番です。

上）牛桜　聖武天皇の牛桜　滋賀県甲賀市牧　土塚　分類④　牛　奈良
下）亀の松（二代目）静岡県袋井市西同笠　土塚　分類①　亀　室町

上）蝦蟇塚　東京都新宿区四谷、笹寺　五輪塔　分類⑤　蛙　昭和
下右）太夫黒の墓　香川県高松市牟礼町　五輪塔　分類④　馬　平安
下左）蟹塚　滋賀県甲賀市南土山蟹が坂　五輪塔　分類⑦　蟹　不明

上）早太郎の墓
長野県駒ヶ根市、光前寺
五輪塔　分類⑦　犬　鎌倉

下左）雀塚
京都府京都市左京区静市、更雀寺
五輪塔　分類⑦　雀　平安

下右）鵺《ぬえ》塚
大阪府大阪市都島区都島本通
石層塔　分類⑦　鵺　明治

上右）猫塚　東京都新宿区弁天町、漱石公園　石層塔　分類⑨　猫　大正
上左）猫神　鹿児島県鹿児島市、仙巌園　石塔　分類④　猫　桃山
下）動物慰霊塔　愛知県豊橋市大岩町、豊橋総合動植物公園　石塔　分類④　動物　昭和

上）牛塔
滋賀県大津市逢坂、長安寺
石宝塔　分類④　牛　平安

下左）鶴塚
滋賀県高島市三尾里
石宝塔　分類⑦　鶴　鎌倉

下右）白蛇塚
京都府京都市北区、北山鹿苑寺
多層石塔　分類①　蛇　鎌倉

上右）猿塚　新潟県胎内市乙、乙宝寺　宝篋印塔　分類⑦　猿　平安
上左）忠犬ハチ公の墓　東京都港区南青山、青山霊園　石祠　分類⑨　犬　昭和
下）ペットピア真野　滋賀県大津市真野、晶法寺　各種　分類⑨　動物　平成

上）狐塚　滋賀県守山市古高　円墳　分類①　狐　不明
下）白鳥塚　三重県亀山市能褒野　方円墳　分類⑦　白鳥　古墳

上右）亀塚大明神　静岡県御前崎市御前崎中原亀塚　石柱　分類①　亀　江戸
上左）猫塚　東京都墨田区両国、回向院　石柱　分類③　猫　江戸
下）孝行犬之墓　静岡県三島市芝本町、円明寺　石柱　分類②　犬　昭和

上）牛供養塔
東京都港区高輪、願生寺
石柱　分類④　牛　江戸

下左）亡牛塔
静岡県河津町梨本大畑
石柱　分類④　牛　江戸

下右）蚕御霊神塔
神奈川県横浜市泉区和泉町
石柱　分類④　蚕　明治

上）平経正の馬塚
兵庫県明石市人丸町
石柱　分類④　馬　平安

下左）海豚供養之碑
静岡県伊豆市安良里浦上
石柱　分類⑥　海豚　明治

下右）生物供養碑
静岡県沼津市井出、大泉寺
石柱　分類⑤　生物　平成

上）鼠塚
東京都渋谷区広尾、祥雲寺
石柱　分類⑤　鼠　明治

下左）昆蟲碑
岐阜県岐阜市大宮町、名和昆虫博物館
石柱　分類⑤　虫　大正

下右）鯆靈供養塔
静岡県東伊豆町稲取
石柱　分類⑥　海豚　江戸

上）実験動物供養之碑（写真右）
京都府京都市左京区、京大医学部
石柱　分類⑤　動物　昭和

上）実験馬宮海号之墓（写真左）
京都府京都市左京区、京大医学部
石柱　分類⑤　馬　昭和

下左）食用蛙供養塔
東京都江戸川区船堀、法龍寺
石柱　分類⑥　蛙　昭和

下右）鯨三十三本供養塔
三重県熊野市二木島
石柱　分類⑥　鯨　江戸

上）ねずみ塚
静岡県御前崎市御前崎
石柱　分類⑦　鼠　昭和

下左）鶯塚
大阪府大阪市北区長柄中
石柱　分類⑦　鶯　不明

下右）犬猫生物霊供養塔
京都府京都市上京区、称念寺
石柱　分類⑨　動物　昭和

上）蛙塚
京都府井出町井出
石柱　分類⑩　蛙　昭和

下左）水鶏塚
愛知県愛西市佐屋町
石柱　分類⑩　水鶏　江戸

下右）活魚塚
東京都港区築地、波除神社
石板　分類⑥　魚　昭和

上）猿塚
愛知県犬山市犬山、日本モンキーセンター
石板　分類⑤　猿　昭和

下左）実験動物供養碑
岐阜県岐阜市柳戸、岐阜大医学部
石板　分類⑤　動物　昭和

下右）実験動物慰霊碑
神奈川県秦野市、食品薬品安全センター
石板　分類⑤　動物　昭和

上）動物慰霊碑　東京都文京区弥生、東大農学部　石板　分類⑤　動物　昭和
中）犬猫供養碑　東京都墨田区両国、回向院　石板　分類⑤　動物　昭和
下）動物慰霊碑　神奈川県平塚市土屋、動物保護センター　石板　分類⑤　動物　昭和

上）うなぎ供養碑
柳川市坂本町、日吉神社
石板　分類⑥　鰻　昭和

下左）鳥塚
東京都台東区、上野公園
石板　分類⑥　鳥　昭和

下右）くぢら塚
神奈川県三浦市三崎、地蔵堂
石板、分類⑥、鯨、江戸

上右）南海霊亀碑　静岡県浜松市坪井、東光寺　石像　分類①　亀　江戸
上左）義犬の墓　大阪府泉佐野市大木、七宝龍寺　石像　分類③　犬　平安
下）盲導犬慰霊碑　　愛知県名古屋市南区呼続、長楽寺　石像　分類④　犬　昭和

上右）犬猫供養塔
東京都墨田区両国、回向院
石像　分類⑤　動物　昭和

上左）鰻霊塔（魚籃観音）
静岡県舞阪町弁天島
石像　分類⑧　鰻　昭和

下）猫塚
大阪府大阪市西成区、松乃木大明神
石像　分類⑤　猫　明治

上右）牛の慰霊碑（牛王如来）
静岡県下田市、玉泉寺
石像　分類⑥　牛　昭和

上左）湖魚供養塔
滋賀県大津市真野、鮎屋
石像　分類⑥　魚　平成

下）ふぐ供養碑
東京都台東区上野公園、弁天堂
石像　分類⑥　河豚　昭和

上右）玉子塚
東京都中央区築地、波除神社
石像　分類⑥　鶏　昭和

上左）蛇之塚
神奈川県横浜市旭区白根
自然石　分類①　蛇　明治

下）猫塚
静岡県御前崎市御前崎
石像　分類⑦　猫　昭和

上右）犬塚　滋賀県大津市逢坂　自然石　分類③　犬　室町
上左）亀塚　静岡県磐田市、観音寺　自然石　分類①　亀　昭和
下）狐塚　愛知県常滑市晩台　自然石　分類①　狐　昭和

上）狼塚
山梨県富士河口湖町、善応寺
自然石　分類③　狼　江戸

下左）鵜塚
岐阜県岐阜市長良大前町
自然石　分類④　鵜　昭和

下右）猿塚
東京都港区愛宕、栄閑院
自然石　分類④　猿　江戸

右上）ラッコ慰霊碑
愛知県豊橋市大岩町、豊橋総合動植物公園
自然石　分類④　海獺　平成

左）蟲救護碑
滋賀県日野町小井口、松林寺
自然石　分類④　蚕　明治

右下）軍馬軍犬軍鳩慰霊碑
大阪府大阪市住之江区、護国神社
自然石　分類④　動物　昭和

上右）軍馬軍鳩之碑　大阪府大阪市住之江区、護国神社　自然石　分類④　動物　昭和
上左）日清戦役軍馬碑　東京都渋谷区恵比寿、台雲寺　自然石　分類④　動物　明治
下）萬霊塔　京都府京都市、京都市動物園　自然石　分類④　動物　昭和

上右）猫塚
神奈川県横浜市東朝比奈、千光寺
自然石　分類④　猫　室町

上左）馬魂碑
神奈川県横浜市港北区日吉、慶應大学
自然石　分類④　馬　昭和

下）籬《まがき》碑　　　※写真左
静岡県静岡市小鹿、法伝寺別院
自然石　分類④　馬　江戸

上）馬塚　滋賀県高島市一ノ坪　自然石　分類④　馬　不明
下左）ライスシャワー碑　京都府京都市伏見区、京都競馬場　自然石　分類④　馬　平成
下右）蛙塚　東京都荒川区西日暮里、南泉寺　自然石　分類⑤　蛙　大正

上）雁塚
愛知県豊田市足助町、足助神社
自然石　分類⑤　雁　江戸

下左）鹿供養塚
岐阜県下呂市萩原町上上呂
自然石　分類⑤　鹿　江戸

下右）善徳塚
福井県小浜市次吉
自然石　分類⑤　虫　江戸

上）蟲塚
東京都台東区上野桜木、寛永寺
自然石　分類⑤　虫　江戸

下左）虫塚
奈良県橿原市久米町、久米寺
自然石　分類⑤　虫　昭和

下右）野生鳥獣供養碑
滋賀県野洲町辻町
自然石　分類⑥　鳥獣　昭和

上）波氣都歌（はけづか）
京都府京都市、南禅寺
自然石　分類⑤　動物　昭和

中）研究動物慰霊碑
滋賀県大津市瀬田月輪町、滋賀医大
自然石　分類⑤　動物　昭和

下）実験動物慰霊碑
静岡県浜松市、浜松医大
自然石　分類⑤　動物　昭和

上）実験動物慰霊碑　山梨県玉穂町、山梨大医学部　自然石　分類⑤　動物　昭和
下左）鎮魂碑　岐阜県岐阜市柳戸、岐阜大応用生物部　自然石　分類⑤　動物　昭和
下右）動物慰霊之碑　東京都墨田区両国、回向院　自然石　分類⑤　動物　昭和

上）不忘碑
神奈川県伊勢原市、東海大医学部
自然石　分類⑤　動物　昭和

下左）いるか供養之碑
静岡県伊豆市安良里浦上
自然石　分類⑥　海豚　昭和

下右）海老塚
東京都中央区築地、波除神社
自然石　分類⑥　海老　昭和

上）鰹塚
東京都中央区佃、住吉神社
自然石　分類⑥　鰹　昭和

下左）鴨之塚
東京都中央区浜離宮庭園
自然石　分類⑥　鴨　江戸

下右）すし塚
東京都港区築地、波除神社
自然石　分類⑥　魚　昭和

上）魚塚
東京都台東区上野公園、弁天堂
自然石　分類⑥　魚　昭和

下左）魚霊塔
静岡県沼津市平沢、正眼寺
自然石　分類⑥　魚　昭和

下右）刷《は》毛《け》塚
静岡県静岡市清水区村松、鉄舟寺
自然石　分類⑤　動物　昭和

上）鯨碑
東京都品川区東品川、利田神社
自然石　分類⑥　鯨　江戸

下左）猪供養碑
山形県山形市山寺、地蔵堂
自然石　分類⑥　猪　江戸

下右）鳥獣供養塔
滋賀県大津市千町
自然石　分類⑥　鳥獣　昭和

上左）鳥獣虫類供養霊塔　静岡県磐田市、観音寺　自然石　分類⑥　動物　昭和
上右）食肉動物慰霊碑（馬頭観音）　愛知県名古屋市西区、桜木公園　自然石　分類⑥　動物　昭和
下）うなぎ供養之碑　静岡県静岡市丸子、歓昌院　自然石　分類⑥　鰻　平成

上）ペンドレーバルグボーイ二世号之墓
神奈川県寒川町、興全寺
自然石　分類⑥　豚　昭和

下左）膃肭臍《おっとせい》供養塔
東京都墨田区両国、回向院
自然石　分類⑥　膃肭臍　大正

下右）鮟鱇塚
東京都港区築地、波除神社
自然石　分類⑥　鮟鱇　昭和

上左）屠畜供養塔
東京都港区、食肉市場
自然石　分類⑥　動物　明治

上右）南無妙法蓮華経碑
東京都港区、食肉市場
自然石　分類⑥　動物　昭和

下）弔魂紀念碑
東京都港区、食肉市場
自然石　分類⑥　動物　大正

上）スッポン感謝之塔
東京都台東区上野公園、弁天堂
自然石　分類⑥　鼈　昭和

中）狸塚
東京都墨田区墨田、多門寺
自然石　分類⑦　狸　江戸

下）鶴塚
山梨県富士吉田市、福源寺
自然石　分類⑦　鶴　江戸

上）猫塚
山梨県甲斐市竜王町、慈照寺
自然石　分類⑦　猫　江戸

下左）駿馬塚
東京都新宿区内藤町、多武峰神社
自然石　分類⑦　馬　江戸

下右）愛犬トビーの墓（写真右）
静岡県熱海市上宿町
自然石　分類⑨　犬　江戸

上）山猫めをと塚
東京都台東区谷中、永久寺
自然石　分類⑨　猫　明治

下左）せみ塚
山形県山形市山寺、立石寺
自然石　分類⑩　蝉　江戸

下右）畜霊碑
愛知県名古屋市港区野跡、
動物検疫所
自然石　分類⑩　動物　昭和

上右）どうぶつ慰霊碑　愛知県名古屋市千種区、東山動物園　金属板　分類④　動物　昭和
上左）鮪塚　東京都中央区築地、中央卸売市場　金属板　分類⑧　鮪　平成
下右）小鳥供養塔　東京都墨田区両国、回向院　金属像　分類⑨　動物　昭和
下左）動物慰霊碑　東京都台東区上野公園、上野動物園　金属像　分類④　動物　昭和

上右）軍馬軍犬軍鳩慰霊碑　愛知県名古屋市中区、名古屋城外堀　半肉石像　分類④　動物　昭和
上左）象供養碑　東京都文京区大塚、護国寺　半肉石像　分類⑤　象　昭和
下右）清露戦役牛馬碑　滋賀県東近江市蒲生町川合、願成寺　半肉石像　分類④　動物　明治
下左）猫塚　東京都世田谷区豪徳寺、豪徳寺　半肉石像　分類⑦　猫　江戸

上）戦没軍馬軍犬軍鳩霊之碑　滋賀県彦根市尾末町、護国神社　銅像　分類④　動物　昭和
下）くじら供養碑　和歌山県太地町梶取崎　コンクリート像　分類⑥　鯨　昭和

第6章 系譜

動物塚の源流は、縄文時代にまでさかのぼる。動物の死に対するオソレとケガレ。

日本人は縄文の昔から現代に到るまで、多くの動物塚を建立してきた。これまでに現存する一六五個所の動物塚（特定の動物個体を埋葬した塚四五個所、不特定多数の動物の供養や慰霊のために碑だけを設置した塚一二〇個所）を調査し、それらの建立の動機を中心に考察した。本章では、縄文時代から現代に到る動物塚の系譜について日本人の心性の面から考察する。

◉動物塚の系譜

動物塚の源流は縄文時代にあり、埋葬された縄文犬の骨が各地の遺跡から発掘されている。縄文人は犬を家畜として狩猟に利用したが、食用に供した形跡はなく、死後は墓穴に丁重に埋葬した（愛媛、上黒岩岩陰遺跡、縄文早期）。ちなみに、弥生時代以降はしばしば犬が食用に供された。犬の埋葬形態は**図1**（千葉、加曽利貝塚）に示したように人間と同様に土壙墓に屈葬されるのが一般的であるが、まれに横に寝かされているものもある（奄美大島、宇宿小学校構内遺跡）。また、中には人と一緒に合葬されているものもある（岩手、前浜遺跡）。さらに、後肢を骨折して完全な歩行が困難であったにもかかわらず天寿を全うした老犬の埋葬例（岩手、貝鳥貝塚）があり、狩猟の役を果たせない障害犬を最後まで飼い続けていたことから、家族の一員と考えていたものと推定される。

縄文人は猪を食べていたが、幼獣を捕獲して飼育していたものと考えられている。**図2**に示したように宮城の田柄貝塚（縄文後期）には猪の幼獣（ウリボウ）が丁重に埋葬されていた。縄文遺跡からは猪の土偶が出土するが、成獣の土偶のみならず、ウリボウの土偶（北海道、日ノ浜貝塚）も出土している。また、一つの土壙から焼かれた猪の幼獣の下顎骨が一一八点も出土し（山梨、金生遺跡、縄文後期）、何らかの儀礼が行われていたものと考えられる。さらに、最大の狩猟動物である熊の頭骨を埋葬したケースも知られている（青森、最花貝塚）。

縄文人にとって海豚は大切な食糧となるが、**図3**に示したように放射状に配列された海豚の頭骨が縄文遺跡（北海道、東釧路貝塚）から発掘されている。しかも、これらの頭骨はベンガラで赤く色づけされている。これは何かの儀礼と関係があるものと考えられている。

縄文時代の土器には蛇の象形（**図4**、山梨、安道寺遺跡、縄文中期）が多く見られる

図2

図1

図4

図3

図1　イヌの埋葬　（千葉市立加曽利貝塚博物館　所蔵）
図2　イノシシの埋葬　（東北歴史博物館　所蔵）
図3　イルカの頭骨群　（釧路市埋蔵文化財調査センター　所蔵）
図4　とぐろを巻くヘビ　（山梨県立考古博物館　所蔵）

が、これは蛇の不可思議な力を畏怖していたことを示していると考えられている。

以上のことは縄文人が特別な動物と深い精神的な関わりを持っていたことを物語っているが、現存している動物塚の建立動機の基底に流れている心情の源泉はこの縄文人の精神性と同一のものと考えられる。

日本は四面を海に囲まれ、国土の八割近くが急峻な山地であるという地理的条件と比較的温暖で四季を通じて降水量が多いという気象条件から、食物としての天然物に恵まれていた。縄文人は陸生獣、海生獣・魚介類、植物をバランス良く摂取していたが、落葉広葉樹林や照葉樹林の堅果（カシ、シイ、クルミ、クリ、トチ、カヤなど）の採集、狩猟、漁労は気象条件に左右され、台風、大水、豪雪、日照り、地震、噴火、火事、事故、病気、死などの災いは人間の力ではどうにもならない自然現象である。彼らの最も恐れたのはこのような災いをもたらす自然そのものであったに違いない。

彼らは自然と一体となって生活し、自然の豊かな恵に感謝するとともに自然を畏怖していた。感謝と恐れは表裏一体である。この自然に対する恐れと感謝が動物の埋葬や動物祭祀、あるいは土偶の製作と関連しているものと考えられる。

宗教や国家の成立する遙か以前の縄文人が現実の生活の中で自然との相互作用によって培った動物に対する心情に注目することが重要である。つまり、縄文人の自然に対するオソレ（恐れ、畏れ）が動物塚建立のキーワードである。以下、縄文人にとっての特別な動物である蛇、犬、猪、海豚とそれらの動物塚との関連について考察する。

●蛇

縄文中期の土器や土偶に見られる蛇の造形は、縄文人がヘビの男根のような不思議な形や怪しげな動き、マムシの毒、さらには生命力に満ちた脱皮という現象などに驚異の念をいだいていたことを想像させる。吉野は世界各民族のヘビ信仰を次のように要約している。

(1) 人間の祖先神、(2) 蛇と太陽・火との同一視、(3) 聖地・聖所・土地・屋敷の主(死霊との関連において)、(4) 雨神・豊穣神・穀物神、(5) 脱皮・変身・新生・永生・浄化・転生、(6) 巨大蛇実在の信仰、(7) 悪霊・妖怪・湖沼の主、(8) 信仰の対象として飼育される蛇、(9) 蛇骨の信仰

(吉野裕子『日本人の死生観』講談社 一九八二年より)

土偶や土器に表現された縄文人の蛇信仰の根元は男根、生命力、再生であり、それが弥生時代以降になると男根、種、稲実、田の神、山の神としての蛇信仰へと発展したものと考えられる。その典型が奈良の三輪山の神である。

このような蛇信仰の現場が神(田の神、水神)の依代として建立された土着の蛇塚である。この系譜に属する動物塚として、狐塚(田の神)、白蛇塚(雨神)、蛇塚(湖沼の

主）、ナマズ塚（淵の主）、亀塚（海神）などがある。神格化がさらに進展拡大化されると抽象的な神社形式に発展して、多角化、洗練されて現場から遠ざかる。全国各地にある稲荷神社（狐）、日吉神社（猿）、三峯神社（山犬）、春日神社（鹿）、護王神社（猪）、八幡神社（鳩）、熱田神社（鷺）、住吉神社（烏）、出雲大社（蛇）、松尾大社（亀）、三島神社（鰻）などがそれに当たり、多くの動物が神の眷属、使令となっている。

◎犬

縄文人は犬を狩猟犬、番犬として家畜化した。そして犬は家族の一員として人間と強い絆で結ばれていた。犬が死ぬと人間と同じように丁重に埋葬した。これが犬塚の起源である。この系譜に属する動物塚として、馬塚、牛塚、猫塚、軍馬犬鳩慰霊碑、ペットの墓などがある。人間の用に供される動物のための塚はすべてこの系譜に属する。

◎猪

猪の家畜化は幼獣のウリボウを捕獲して飼育したものと考えられている。丁重に埋葬されたウリボウが出土していることはそのことを示唆している。また、多数の焼けた猪の下顎骨が出土する（金生遺跡）が、これは豊猟などの儀礼が行われたことを物語るのかもしれない。弥生時代の遺跡（鳥取、青谷上寺地遺跡）からも儀礼に用いられたと考えられる猪などの頭骨が出土している。猪の墓が食用動物の塚の起源であり、この系譜に属する動物塚として、熊供養碑、鹿供養碑、鳥獣供養碑、牛魂碑、畜霊碑などがある。

◉海豚

縄文遺跡から放射状に配列された海豚の頭骨（東釧路貝塚）や規則的に配列された海豚の骨（石川、真脇遺跡）が出土しているが、これらは豊漁などの儀礼と関連があるものと推定される。これが食用の海生獣や魚類などの動物塚の源流と考えられる。この系譜に属するものとして、いるか供養之碑、くじら供養碑、うなぎ供養碑、ふぐ供養碑、鰹塚、鮟鱇《あんこう》塚、海老塚などがある。

なお、香港の水上生活者は鯨、海豚、シャチなどを聖なる魚と言って畏敬の念をいだき、これらを食べない。また、ベトナム中部の順化には鯨を祀る仁魚廟があるが、ベトナムでは鯨を魚の主と呼んで敬っている。南シナ海では鯨を食料として重要視せず、むしろ、敬う存在であった。さらに、太平洋岸のネイティブアメリカンは鮭の骨を川に返す儀礼を行うし、アイヌなどは獣や魚など多くの動物の霊送りをする。したがって、海豚、鯨、鮭などの塚についてはその起源を環太平洋のレベルに拡大して考える必要がある。

◉ケガレ

縄文時代の墓は集落の中の住居近くに設けられたことから、縄文人のケガレ（不浄、罪、穢れ）意識は希薄であったと考えられる。弥生時代以降になると、集落の外に墓地が設けられるようになるのでケガレ意識があったのかも知れない。ケガレ意識が強く認識されるようになったのは何時の時代か明らかではないが、文献的にケガレが明記されているのは古事記（七一二年）、日本書紀（七二〇年）に記されているイザナギノミコトがイザナミノミコトを追って黄泉国（地下にある死者の住む国）へ行った記事である。

「然《しか》して後《のち》に、伊奘諾尊《いざなきのみこと》、伊奘冉尊《いざなみのみこと》を追ひて、黄泉《よもつくに》に入りて、及《し》きて共に語る。時に伊奘冉尊の曰《のたま》はく、『吾夫君《あがなせ》の尊《みこと》、何ぞ晩《おそ》く来《いでま》しまつる。吾已《われすで》に湌泉之竈《よもつへぐい》せり。然《しか》れども、吾当《まさ》に寝息《ねやす》まむ。請《こ》ふ、な視《み》ましそ』とのたまふ。伊奘諾尊、聴きたまはずして、陰《ひそか》に湯津爪櫛《ゆつつまぐし》を取りて、其《そ》の雄柱《ほとりは》を牽《ひ》き折《か》きて、秉炬《たひ》として、見《み》しかば、膿沸《うみわ》き虫流《うじたか》る。今、世人《よのひと》、夜一片之火《よるひとつびとぼすこと》忌む、又夜擲櫛《なげぐし》を忌む、此《これ》其の縁《ことのもと》なり。時に、伊奘諾尊、大《おほ》きに驚きて曰はく、『吾、意《おも》はず、不須《い》也《な》凶目《しこめ》き汚穢《きたな》き國《くに》に到《き》にけり』とのたまひて、乃《すなは》ち急《すみやか》に走《に》げ廻帰《かへ》りたまふ。」

これが穢《けが》れの最初の記録であり、その穢れを清めるために行った行為が禊《みそ》ぎ祓《はら》いである。

「ここをもちて伊邪那伎大神（伊奘諾尊）詔《の》りたまひしく、『吾《あ》はいなしこめしこめき穢《きたな》き國に到りてありけり。故《かれ》、吾は御身の禊為《みそぎせ》む。』とのりたまひて、竺紫《つくし》の日向《ひむか》の橘《たちばな》の小門《をど》の阿波岐《あはき》原に到りまして、禊《みそ》ぎ祓《はら》ひたまひき。」

これが禊ぎ祓いの起源となり、やがてケガレを清める儀礼として大系化される。延喜式（九二七年）では、人死、産、六畜死、六畜産および食宍の五つを穢れと定めている。これは日本独自の定めである。なお、六畜とは牛、馬、羊、犬、雞、豕をさす。穢れとは、生理的嫌悪を感じさせるもので、神の嫌うところのものである。具体的には、死、血、病、災、罪などがある。また、動物の皮を剥ぐことや獣姦は罪と定められていた。弥生時代以降には縄文のオソレに加えてケガレ意識が動物塚建立のキーワードとなる。

いずれにしても、各種の禁忌や儀礼によりケガレを清め、祟り、災厄、神罰などを防ぎ、招福、幸運を呼び込もうとするものである。

この日本古来のオソレとケガレの意識に仏教の殺生戒や慈悲思想が習合し、平安時代からは神の怒りや怨霊の祟りを鎮めるための陰陽道や神仏混淆の修験道の鎮魂思想などが習合して動物塚建立の動機は複雑になる。さらに道教の神仙思想、儒教の祖霊信仰も複雑に絡んでいる。

しかし、動物塚建立の動機の底流に潜んでいる要素の一つはオソレとケガレにまつわる不安である。日本人は動物を殺したり、動物の死に直面することに対する強い抵抗感を持ってきたのである。

そして、もう一つの要素は犬などの身近な動物を家族の一員と考える傾向が極めて強いことである。動物塚は人間のためのものであり、人と死んだ動物との介在所としての機能を果たしているといえよう。

◉ペットの墓へ

文字を持たない縄文人がどのような動物観を持っていたのかは明確になっていないが、縄文遺跡から発掘された考古学資料から縄文人が特別な感情を抱いていたと思われる蛇、犬、猪、海豚に示された彼らの心情から説き起こして、現代までに建立された動物塚建立の動機の底流には自然に対するオソレと生理的嫌悪を感じさせるものや人と自然との調和を損なうものに対するケガレが存在していること、また、日本人は身近な家畜を家族の一員と考える傾向が強いことを示した。さらに、動物塚の源流を縄文時代の動物の墓、祭祀跡、土器、土偶などに置き、そこから現代の動物塚に到る系譜を示した。縄文犬やウリボウの墓から現代盛んなペットの墓建立を連想することは容易であろう。

第7章

外国での動物事情

世界の動物観は決して一様ではない。日本でもまた変化の兆しが現れている。

動物観の変化

欧米と日本の双方において動物観に変化が起こりつつある。欧米においては、動物愛護運動や環境倫理意識の高まりにより、アリストテレス、デカルト、ベーコンなどを代表とする人間中心主義の西洋哲学やストア派的な聖書創世記記事の解釈によるキリスト教的人間中心主義に依拠した人間と動物の間に一線を画して動物を低い存在と見なしてきた物動観の見直しがなされた。

その結果、動物は人間のために存在するのではなく、それ自体に存在価値があり、大切に扱うべきであるとする生命中心主義の動物観が登場している。一方、日本においても、科学の進歩によって六道輪廻の思想や全てのものに霊魂が宿るとするアニミズムが廃れたこと、室内でペットを飼うことの普及によって動物愛護意識が向上したことなどの結果、普遍的真理に基づく動物観が求められるようになっている。

外国における動物塚

欧米のキリスト教圏では、ペットの墓を除いて、動物の墓や慰霊碑は建立されない。日本と異なり、絶対神を信仰する欧米社会では動物を人間のために殺すことは神によって許されていると考えられている。人間は神に似せて造られ、神の許しを得て動物を自分のために用いることは倫理的問題を惹起しない。神の前に罪人である人間はキリストの十字架と復活によってのみ罪を赦され、永遠の命を与えられるとの信仰を持っていて、罪のない動物の慰霊は考えられない。むしろ、動物の慰霊碑の建立は偶像崇拝として厳しく禁止される。カナダのグエルフ大学に動物実験碑があるが、慰霊などの宗教的要素はない。キリスト教以前には動物を神聖視することがあった。ミネルバ神のフクロウはその一例である。

中東のイスラム教圏においては、動物はアッラーの造られたものであり、人はこれを大切に扱う必要があると考えられていて、ペットを飼うことも問題であるが、慰霊の対象となることは考えられない。イスラム以前の古代エジプトでは、多くの動物が神々の化身と考えられて神聖化され、おびただしい数のネコ、タカ、ワニなどのミイラが作られた。

多神教のアジア諸国では、多くの動物が建国神話などに登場し、伝説などに由来する種々の動物像（十二支の動物、鶴、亀、象、獅子、龍、狛犬、麒麟、駱駝など）が多数存在している。

しかし、日本の動物塚に相当するものはほとんど存在しない。ただし、皆無ではない。

日本の植民地政策との関連で、元食品工場であった場所にある獣魂碑（台湾、嘉儀市、博愛公園）、戦死した軍馬供養のための馬魂碑（ミャンマー、イエウエイ、日本人墓地）がある。さらに、動物実験の犠牲になった動物の実験動物慰霊塔（韓国、ソウル、食品薬品安全庁）、二〇〇四年に建立された重症急性呼吸器症候群のワクチン開発のための動物実験で犠牲になったサルなどの実験動物慰霊碑（中国、北京市、中国医学科学院動物研究所）などがある。これら実験動物慰霊碑については独自の文化に由来するのか、あるいは日本の影響によるのか検証が必要である。また、ベトナムの順化にはカー・オン（魚の主）と呼ばれる鯨の頭骨を祀った堂がある。これは慰霊のためではなく、鯨を敬うためのものであるという。

今後詳しく調査する必要性があるのは、北海道や沖縄の動物塚、フランス、アメリカで発生した人間の墓地に動物を埋葬させないための訴訟の実情、前述の韓国（食品薬品安全庁、国家霊長類センター、韓国生命工学研究院など）、および中国（中国医学科学院動物研究所）にある実験動物慰霊碑の建立の経緯などである。

おわりに

動物塚に関する本の出版を打診された時は正直云っていささか当惑した。将来調査が完了した暁に、本を出すことは頭の片隅に無くはなかったが、北海道や沖縄の調査が手付かずの状態ではためらいがあった。しかし、論文を読んだ友人達の強い奨めや編集者の板垣誠一郎氏の励ましもあり、この段階で調査結果を世に問うことにした。

民俗学者でも歴史学者でもない理系の素人が動物塚を調査するのであるから、手探りで挑むことになる。何かの資料に動物塚の記事を見付けて出掛けても、既に消滅していたり、移転していたり、空振りに終わることも少なくなかった。ある時には急な斜面を谷底に滑り落ちそうになったこともあり、少年のような自分に呆れもした。

先に動物塚にまつわる物語を子供向けの絵本『東海道どうぶつ物語』として上梓したが、その時のいきさつを東海大学「望星学塾」において話した要旨が手元にあるので、あとがきに代えて以下に引用して記す。

動物塚が語る「いのちの物語」

▼二十一世紀という時代

二十世紀は科学技術が著しく進歩した時代であり、人類の歴史のなかで最も物質的豊かさを享受した時代でした。しかし物質万能ともいえる社会となってしまったために、精神的な面が忘れ去られ、大規模な戦争、環境破壊、南北問題など多くの問題が発生した時代でもありました。それらはそのまま二十一世紀に持ち越され、解決の待たれる喫緊《きつきん》の課題が山積しています。困難な状況に直面している大きな原因は人々があまりにも自己中心的になっていることです。物質と精神の調和が回復されなければなりません。様々な文化、文明が並立し、平和裏に共存させられなければなりません。

▼動物塚、いのちの物語

私は、昨秋（二〇〇五年）、小学生の子どもたちを対象とした絵本『東海道どうぶつ物語』（東海教育研究所発行）を上梓しました。この本には、人間に愛されて生き、死んだときにお墓までたててもらった動物たちの十六編の話がおさめてあります。

この本を作るきっかけとなったのは、私の研究室でのある出会いでした。私はこれまで、病気や事故で失われた人間の体の働きを助けるための人工臓器や、痛みを取り除くための装置などの研究をしてきました。そこでは、ネズミなどの小動物の血液や細胞を使った最小限の実験が欠かせません。もちろん、できるだけ動物に苦痛を与えないよう努力と工夫を重ねてきました。ところが、研究室に入ってきた女子学生のなかに、「できたら動物実験はしたくない」という学生がいたのです。そこで、その学生と一緒に、実験の代りに動物実験の歴史や倫理について調べて論文にまとめました。その時、面白いことに気づきました。日本の大学には実験に使った動物の慰霊碑が必ずあるのです。欧米の国々には、見られないものです。詳しく調べると、日本には、実験動物の慰霊碑以外にも、昔から多くの動物の墓や碑があることがわかりました。人間と同じように動物を弔うのは、自分も自然の一部と考える日本人の自然観に基づいていると考えられます。欧米では、人間と動物との間に一線を設けて、動物を低い存在として人間の手中に収めて意のままに扱ってきました。日本に見られる動物の墓や慰霊碑は、そうした日本人と欧米人の自然観の違いを表しているようにも思えます。

実際に、現地の墓や慰霊碑を訪ねてみますと、それぞれの動物の墓や碑には、人間との関わりを示す興味深い物語が残されていました。そこには、いのちや自然を愛する日本人の思いが込められていたのです。科学の進歩とともに俗信や伝説は廃れても、そこに込められた、いのちや自然を大切にする思いまで捨ててしまってはいけないと思います。そこで、それらの墓や碑のことを多くの人に知らせたいと考えましたが、それらの碑文は漢文で書かれているものも多く、一般の人には読みにくく、なかには地元の人にさえ知られていないものも少なくありません。そこで、まずは東海道沿いに伝わる物語を選んで、子供にもわかりやすい絵入りの本をつくって、それぞれの地域の子供たちに読んでもらいたいと思ったのです。そうして生まれたのが『東海道どうぶつ物語』です。

『東海道どうぶつ物語』のキーワードはいのちです。いのちを豊かに保つには、病んだ心ではなく、健全な心が必要です。動物はどのような境遇にあっても、犬は犬らしく、猫は猫らしく、牛は牛らしく、ひたむきに、個性的に生き、そして、死んでいきます。動物を鏡にして、人間が人間らしく生きるとはどういうことか、自分が自分らしく生きるとはどういうことかを考えるきっかけにして欲しいと思います。

▼豊かないのちへの道

人間の社会は一見して極めて複雑に見えますし、人間が神になっているような自己中心的な風潮の強い現代社会は、子供たちが健全な心を育むのに好ましい環境とはいえません。しかし、周囲にいる動物たちには、ひたむきに生きる感動的な生きざまがあります。また周囲に広がる自然のなかには、人間がいのちをまっとうするのに必要な、最も基本的なことを会得するためのヒントが隠されています。ですから、動物や自然と触れ合う体験は、子どもたちが健全な心を養い、人間としての豊かないのちの道への扉を開いてくれるにちがいないと思います。上野動物園の園長をしていた古賀忠道先生は「動物は自然理解への架け橋、ペットは家庭と自然を繋ぐ親善大使である」と言っています。動物や自然との触れ合い体験は、人間社会に埋没していては見失いがちな、大切なことを気づかせてくれます。

『東海道どうぶつ物語』に登場するのは、犬、猫、狸、ネズミ、馬、牛、鶴、雁、鵜、クジラ、マグロなど、さまざまな動物たちです。人に飼われていた動物もいれば、自然の中で生きていた動物もいます。これら一頭、一匹、一羽ずつの生と死にまつわる物語からわかることは、

①動物たちはどのような境遇にあっても、ひたむきに、個性的に生き、そして、死んでいく。

②動物たちの中には愛がある。

③日本人は、自然をそのまま受け入れ、自然と一体となって生活してきた。

④日本人は動物たちとも心を通わせ、ほどよい距離を保ちながら、ともに生活してきた。

⑤日本人は死を直視し、いのちや自然を慈しむ豊かな心を持っていた。

——といったことでしょう。

ところが今の日本では、いのちが粗末にされ、自然が破壊され、思いやりの心が消え、

飽くことのない欲望と、自己中心主義が蔓延しています。それは人間が物質至上主義に陥った結果なのです。

▼「心の力」で日本の再生を

さて、前に進むためには過去との対話が必要です。ここに一つの提言を紹介します。米国に亡命していたソ連のノーベル賞受賞作家A・I・ソルジェニーツインが一九八二年十月九日来日し、「現代日本の選択」と題して次のような要旨の講演をしました。

「日本の近代一三〇年の歴史の中で、世界の人々の興味を引く劇的な変革期が三つあります。一つは明治維新、二つ目は終戦、そして三つ目はまさに現在です。しかし、この三つ目の時期については、大半の日本国民は自覚していません。外国からの圧力から二世紀半の間自らを守り、民族的発展を遂げた徳川時代。この時代のモットーは、『質素で中庸を得た生活』ということで、日本が外国に対して野心を抱いたり、外部へ進出することはありませんでした。しかし、ついに百三十年前、江戸幕府は、外国軍艦（黒船）の砲口を前にして、自由貿易を開くことを認めざるをえなくなったのです。このとき、日本人は驚くべき方向転換をしました。彼らには勇気だけでなく、たぐいまれな機智と粘り強さがあり、すべての力を集中して、外国の文化と技術の習得に振り向け、ついに追いつき、追い越し、軍事力の強化をもたらしました。十九世紀末から始まった日本の軍備強化の結果、不幸にも、ロシアとの戦争が起こり、やがてエスカレートして、第二次世界大戦に突入したのでした。そして、敗戦。日本全土が焦土と化しました。これが第二の変革期となりました。日本は見事に力をつけたのです。今度は経済力でした。そして世界ナンバー・ワンの強大な豊かな国となったのです。しかし、経済力は日本人の幸福を外面的には整えましたが、真の心の幸福は満たすことができなかったのです。人々は、ここで初めて『心の時代』の大切さを認識し、追及するようになりました。今こそが本当の第三の変革期です。そして、かつての軍事力でもなく、経済力でもなく、心の力をつけてもらいたい。礼節と誠実と自己抑制力です。苦難を前にして、真に抵抗し、戦い抜ける『心の力』こそ、広島の記念碑にある『このあやまちは、決して繰り返しません』という決心を実現させるものです」

（有賀喜一『永遠のいのち』イーブックスⅡ・12－1、新生宣教団、一九九二年より）

日本に欠けているものは軍事力でも、経済力でもなく、心の力だというのです。これからは「心の時代」だといわれて久しいですが、今ほど心の力が弱められ、人の心が病んでいる時代はないように思います。そのことを先ず認める必要があります。

▼「汝の思想を培え」

では、いまの私たちを覆っている物質至上主義から脱却するためにはどうしたらよいのでしょうか。「人はパンだけで生きるのではなく、神の口から出る一つ一つのことばによる。」（聖書、マタイ4：4、申命記8：3）と言われているように、人間は「ことば」によって生きる動物です。心が病んでいるとはパンが先立っているということです。パンを得るために躍起になって、たくさんのものを見失っていないでしょうか。パンのみによって生きるに近い動物はあくまで反面教師ですが、言葉をほとんど持たない動物であってもパンより大切にしているものがあることが『東海道どうぶつ物語』から読み取れると思います。

いのちを豊かに保つには健全な心が必要であり、心豊かに生きていくための思想を把握するためには、符号としての言語ではなく、豊かな意味を持った「ことば」が必要であります。豊かさは数や量ではありません。語彙や知識があれば豊かとは限りません。豊かさは質です。「ことば」は想像力を養います。そして想像力は他人の立場に立ち、思いやることを可能にします。想像力は仮説を創造し、実証によって宇宙にある法則を発見します。また、想像力は心象を形成し、文学や芸術を紡ぎ出します。

私は、子どもたちが『東海道どうぶつ物語』のような身近な物語に触れて、何かを感じたら、次はそれをきっかけに、自分で行動を起こしてほしいと願っています。テーマは何でもいいのですが、好奇心を持って、自分の身体で動物や自然に触れてみることです。その体験を通して感じたり考えたりしたことを「ことば」によって捉え、「ことば」を織り合わせて綜合化し、表現してみることです。それが思想を培っていくことになると思います。綜合化とは知情意を総動員して「ことば」を織り合わせる精神の営みのことで、そのようにして綜合化され、血となり、肉となった「思想」こそが、苦難を前にして戦い抜く行動を伴うことができるのです。単なる言葉や知識が集められた観念では、時流に流されてしまいます。

さて先ほど「豊かなことば」と言いましたが、では言語障害のある人は豊かに生きることができないのでしょうか。そんなことはありません。三重苦のヘレン・ケラーは豊かな人生を送ることができました。それには、自身が絶望の淵から救い出されたサリバン先生のような愛の人の助けが必要でしたが、「愛のことば」はたった一つでも確実に人の心に届くのです。愛とは行動を伴うからです。言語障害のある人でも豊かに生きることができるのです。

▼すみれはすみれのように

人間がいのちを全うするために必要な最も基本的なこと、すなわち、謙遜、質素、礼節、誠実、抑制力、忍耐、寛容、柔和、親切、惻隠《そくいん》、慈愛、感謝、平安といった心の力に結びつく思想とはどのようなものでしょうか。思想を培ったら、大きな人、つまりエリートになって、自分の欲望を何でも満たすことができる人になるような思想でしょうか。

すみれは小さな花です。しかし楚々《そそ》として美しく咲いています。そこには本当の豊かさがあります。夏目漱石の俳句に「菫《すみれ》ほどな小さき人に生まれたし」という句があります。また、ゴスペルフォークには「このままのすがたで」という歌があります。

「ちいさな野の花でも　主の愛をうけてかがやく、あふれる主のめぐみは　いついつまでも、ばらはばらのように　すみれはすみれのように、わたしもこのままのすがたで　ついてゆきます」「そらをとぶとりたちは　主の愛を歌い続ける　あふれる感謝・喜びは　いついつまでも　わしはわしのように　すずめはすずめのように　わたしも主のほめ歌をうたいつづける」

（作詞・作曲ノア）

この歌の意味は、すべての生きものがかけがえのない存在です。自分はいないほうがよいなどという人は一人もいません。一人一人が能力に関係なく、「高価で尊い」存在なのです。それぞれがその資質を開花させ、つつましくも輝いた人生を送ろう、というものです。

自分の小ささを知り尽くした人がいます。アッシジのフランチェスコです。

「私を平和の道具にして下さい。憎しみのあるところには愛を、争いのあるところには赦しを、分裂には一致を、疑いには信仰を、絶望には希望を、闇には光、悲しみには喜びをもたらす者にしてください。慰められるより慰める者に、理解されるより理解する者に、愛されるより、愛する者に…」（自然をこよなく愛し、狼を手なずけ、草花に語りかけ、小鳥に説教をしたというフランチェスコの祈りの一部）

人間にはとてもできないことです。だから祈り願ったのでしょう。社会を構成している一人一人の中に平和がなければ、社会の平和はありえません。平和の反対は対立です。自分自身の中に対立がある。善をしようと思っても悪を行ってしまう。人間とはそういう矛盾した存在ではないでしょうか。人間の住むところには決して「真の平和」は訪れません。その認識から平和への祈りが始まります。フランチェスコ、アニー・サリバン、ヘレン・ケラー、マザー・テレサあるいは宮沢賢治のいる社会でも、そこには「仮の平和」しかないでしょう。たとえそうであっても、その様な愛に満ちた社会を軍事力や経済力でつぶすことができるでしょうか。決してできないと思います。これらの人たちにあったのは格段に高い能力ではなく、愛を追い求める心です。平和を願う心です。そして、これらの人たちは余分な資産を持ちませんでした。

「自分のいのちのことで、何を食べようか、何を飲もうかと心配したり、また、からだのことで、何を着ようかと心配したりしてはいけません。いのちは食べ物よりたいせつなもの、からだは着物よりたいせつなものではありませんか。空の鳥を見なさい。種蒔きもせず、刈り入れもせず、倉に納めることもしません。けれども、あなたがたの天の父がこれを養ってくださるのです。あなたがたは、鳥よりも、もっとすぐれたものではありませんか。あなたがたのうちだれが、心配したからといって、自分のいのちを少しでも延ばすことができますか。なぜ着物のことで心配するのですか。野のゆりがどうして育つのか、よくわきまえなさい。働きもせず、紡ぎもしません。」
（聖書、マタイ6：25-28）

贅沢で、無駄の多い、奢侈な生活を追い求めるのではなく、簡素で、無駄のない、足ることを知る生活が求められます。動物や自然はそのことを教えてくれます。そして、簡素をとるのは勝れて積極的な選択です。

最後に、各地の動物塚取材に際しては多くの方々に御協力を賜った。ここに深甚の謝意を表する。

付録

和暦・西暦対応表

参考文献

英文アブストラクト

和暦・西暦対応表

本書では、引用文中の和暦に関して、明治以降はとくに西暦を補わず、和暦・西暦の対応表を掲載してその代わりとします。

和暦	西暦
慶応 1	1865
慶応 2	1866
慶応 3	1867
明治 1	1868
明治 2	1869
明治 3	1870
明治 4	1871
明治 5	1872
明治 6	1873
明治 7	1874
明治 8	1875
明治 9	1876
明治 10	1877
明治 11	1878
明治 12	1879
明治 13	1880
明治 14	1881
明治 15	1882
明治 16	1883
明治 17	1884
明治 18	1885
明治 19	1886
明治 20	1887
明治 21	1888
明治 22	1889
明治 23	1890
明治 24	1891
明治 25	1892
明治 26	1893
明治 27	1894
明治 28	1895
明治 29	1896
明治 30	1897
明治 31	1898
明治 32	1899
明治 33	1900
明治 34	1901
明治 35	1902
明治 36	1903
明治 37	1904
明治 38	1905
明治 39	1906
明治 40	1907
明治 41	1908
明治 42	1909
明治 43	1910
明治 44	1911
大正 1	1912
大正 2	1913
大正 3	1914
大正 4	1915
大正 5	1916
大正 6	1917
大正 7	1918
大正 8	1919
大正 9	1920
大正 10	1921
大正 11	1922
大正 12	1923
大正 13	1924
大正 14	1925
昭和 1	1926
昭和 2	1927
昭和 3	1928
昭和 4	1929
昭和 5	1930
昭和 6	1931
昭和 7	1932
昭和 8	1933
昭和 9	1934
昭和 10	1935
昭和 11	1936
昭和 12	1937
昭和 13	1938
昭和 14	1939
昭和 15	1940
昭和 16	1941
昭和 17	1942
昭和 18	1943
昭和 19	1944
昭和 20	1945
昭和 21	1946
昭和 22	1947
昭和 23	1948
昭和 24	1949
昭和 25	1950
昭和 26	1951
昭和 27	1952
昭和 28	1953
昭和 29	1954
昭和 30	1955
昭和 31	1956
昭和 32	1957
昭和 33	1958
昭和 34	1959
昭和 35	1960
昭和 36	1961
昭和 37	1962
昭和 38	1963
昭和 39	1964
昭和 40	1965
昭和 41	1966
昭和 42	1967
昭和 43	1968
昭和 44	1969
昭和 45	1970
昭和 46	1971
昭和 47	1972
昭和 48	1973
昭和 49	1974
昭和 50	1975
昭和 51	1976
昭和 52	1977
昭和 53	1978
昭和 54	1979
昭和 55	1980
昭和 56	1981
昭和 57	1982
昭和 58	1983
昭和 59	1984
昭和 60	1985
昭和 61	1986
昭和 62	1987
昭和 63	1988
平成 1	1989
平成 2	1990
平成 3	1991
平成 4	1992
平成 5	1993
平成 6	1994
平成 7	1995
平成 8	1996
平成 9	1997
平成 10	1998
平成 11	1999
平成 12	2000
平成 13	2001
平成 14	2002
平成 15	2003
平成 16	2004
平成 17	2005
平成 18	2006
平成 19	2007

参考文献一覧

第1章

柳田國男『定本柳田國男集 第12巻』筑摩書房 一九六九年
Kellert, S.R., *American attitudes toward and knowledge of animals*, International Journal for Study of the Animal Problems, 1, 87-119 1980
ロベール・ドロール『動物の歴史』みすず書房 一九八八年
山折哲雄『仏教とは何か』中央公論社 一九九三年
依田賢太郎、松尾しのぶ「動物実験の倫理に関する調査研究」『東海大学紀要開発工学部 9』一九九九年
谷川健一『私の民俗学』東海大学出版会 一九八七年
藤岡作太郎、平出鏗二郎『日本風俗叢書 日本風俗史（全）』日本図書センター 一九八三年
大津市史編纂室『大津―歴史と文化』大津市役所 一九八一年
壬生芳樹『東海道と碑』静岡新聞社 一九九四年
田中貴子『鈴の音が聞こえる』淡交社 二〇〇一年
高橋春成『滋賀の獣たち―人との共生を考える』サンライズ出版 二〇〇三年
中村禎里『日本動物民俗誌』海鳴社 一九八七年
立川昭二『明治医事往来』新潮社 一九八六年
倉野憲司校注『古事記』岩波書店 一九六三年
山村敏行『参河国名所図絵碧海郡之部』愛知県教育委員会 一九三四年
福永光司『馬の文化と船の文化―古代日本と中国文化』人文書院 一九九六年
林丈二『東京を騒がせた動物たち』大和書房 二〇〇四年
山内昶『ヒトはなぜペットを食べないか』文藝春秋 二〇〇五年
秋本吉郎校注『日本古典文学大系2 風土記』岩波書店 一九五八年
The Hartsdale Pet Cemetery, 75 North Central Park Avenue, Hartsdale, New York 10530 USA:http://petcem.com/

石田戢、横山章光、上條雅子、赤見朋晃、赤見理恵、若生謙二「日本人の動物観―この10年間の推移―」『動物観研究8』二〇〇四年
中村生雄『祭祀と供犠―日本人の自然観・動物観』法藏館　二〇〇一年
池上俊一『動物裁判』講談社　二〇〇〇年
『聖書（新改訳）』日本聖書刊行会　一九八九年
オールコック『大君の都（中）』岩波書店　一九六二年
萩原町教育委員会『萩原の史跡と史話』萩原文庫　萩原町　一九八〇年
瀬川欣一『近江石の文化』サンライズ出版　二〇〇一年
愛知県高等学校郷土史研究会編『新版　愛知県の歴史散歩』山川出版　一九九二年
高木一之助、小澤正夫、渥美かをる、金田一春彦校注『日本古典文学体系32　平家物語』岩波書店　一九五九年
木村博『動植物供養の習俗　仏教民俗体系4　先祖祭祀葬墓』名著出版　一九八八年
松崎憲三『現代供養論考―ヒト・モノ・動植物の慰霊』慶友社二〇〇四年
木村至宏、樋爪修、八杉淳、米田実『近江東海道　第2版』近江文化を育てる会　一九九七年
武光誠『大人のための古代史講座』ＰＨＰ研究所　二〇〇五年
加藤晋平、小林達雄、藤本強編『縄文文化の研究2　生業』雄山閣出版　一九八三年
小林達雄、藤田富士夫、富樫康時、西本豊弘、春成秀爾、松井章、山田昌久『シンポジウム日本の考古学2　縄文時代の考古学』学生社　一九九八年
永山久夫監修『日本人は何を食べてきたか』青春出版　二〇〇三年
ＮＨＫ三内丸山プロジェクト、岡田康博編『縄文文化を掘る』ＮＨＫ出版　二〇〇五年
林博道『古代近江の遺跡』サンライズ出版　一九九八年
梅原猛『日本人の「あの世」観』中央公論新社　一九九三年
吉田敦彦『縄文宗教の謎』大和書房　一九九三年
岡村道雄『日本の歴史01　縄文の生活誌』講談社　二〇〇〇年
大隈清治『クジラと日本人』岩波書店　二〇〇三年
小島孝夫編『海の民俗文化』明石書店　二〇〇五年

吉原友吉『房南捕鯨　附　鯨の墓』相沢文庫　一九八二年
進藤直作『瀬戸内海の鯨の研究』神戸市医師会協同組合　一九六八年
進藤直作『瀬戸内海周辺の鯨塚の研究　附　東日本の鯨塚考』生田区医師会　一九七〇年
小山修三『縄文学への道』日本放送協会　一九九六年
毛利総七郎、只野淳『仙台マタギ鹿狩りの話』慶友社　一九九七年
佐藤宏之『小国マタギ共生の民族知』農山漁村文化協会　二〇〇四年
鯖田豊之『肉食の思想』中央公論社　一九六六年
中村弘充『宗教に何がおきているか』平凡社　一九九〇年
依田賢太郎『東海道どうぶつ物語』東海教育研究所　二〇〇五年
松井章『環境考古学への招待』岩波新書　二〇〇五年
滋賀県甲賀郡教育会編『近江甲賀郡志　下巻』弘文堂出版部　一九七一年
地方研究所編『伊豆　下田』地方研究所　一九六二年
福原康雄『日本食肉史』食肉文化社　一九五六年
大山邦興編『週刊　古寺を行く　金閣寺・銀閣寺』小学館　二〇〇一年
静岡県編『静岡県史　資料編25　民俗三』静岡県　一九九一年

第4章
斎藤忠『日本史小百科4　墳墓』近藤出版社　一九七八年
藤井正雄『お墓のすべてがわかる本』プレジデント社　一九九一年
山折哲雄『仏教とは何か』中公新書　中央公論社　一九九三年
鈴木公雄『考古学とはどんな学問か』東京大学出版会　二〇〇五年
森浩一『海と列島文化　第8巻　伊勢と熊野の海』小学館　一九九二年
デヴィッド・ドゥグラツィア『動物の権利』岩波書店　二〇〇三年

第6章
小林達雄『縄文人の世界』朝日新聞社　一九九六年

小林達雄監修『全国古代遺跡古墳鑑賞ガイド』小学館　二〇〇〇年
小山修三『縄文学への道』日本放送協会　一九九六年
山梨県考古学協会編『新版山梨の遺跡』山梨日日新聞社　一九九八年
吉野裕子『日本人の死生観』講談社　一九八二年
波平恵美子『「ケガレ」』東京堂出版　一九八五年
山本幸司『穢と大祓』平凡社　一九九二年
倉野憲司校注『古事記』岩波文庫　一九六三年
坂本太郎、家永三郎、井上光貞、大野晋校注『日本書紀（一）』岩波文庫　一九九四年
虎尾俊哉『日本歴史叢書8　延喜式』吉川弘文堂　一九六四年
瀬戸口明久「害虫・益虫をめぐる動物観」『動物観研究10』動物観研究会　二〇〇五年
安丸良夫『日本民族文化体系　第一巻　風土と文化』小学館　一九八六年
小島孝夫編『海の民俗文化』明石書店　二〇〇五年
秋道智彌『クジラとヒトの民族史』東京大学出版会　一九九四年

第7章

アリストテレース『動物誌　上、下』岩波書店　一九九八年
ルネ・デカルト『方法序説』岩波文庫　一九六七年
『聖書（新改訳）』日本聖書刊行会　一九八九年
トマスアクィナス『神学大全Ⅱ』創文社、一九六〇年
リン・ホワイト『機械と神　生態学的危機の歴史的背景』みすず書房　一九九〇年
ジョン・パスモア『自然に対する人間の責任』岩波書店　一九七九年
アンドリュー・リンゼイ『神は何のために動物を造ったのか』教文館　二〇〇一年
Peter Singer, *Animal Liberation*, Second edition, New York Review of Books, New York, 1990.
Laurence Pringle, *The Animal Right Controversy*, Harcourt & Co., New York, 1989.
間瀬啓允『現代の宗教10　エコロジーと宗教』岩波書店　一九九六年
P. W. Taylor: *Respect for Nature*, pp.99-100, Prinston Univ. Press, 1986

大上泰弘『動物実権の倫理』東信堂 二〇〇五年

(e.g. accident, experiments, extermination), memorial of pet animals, memorial of animal's faithfulness to humans, animals in legend, memorial of animals giving lessons to humans, monument for appeal for peace, and others. The forms of tombs and monuments are of same forms as those of human in the same era. The reason why many animal tombs and memorial monuments are constructed in Japan, and people hold memorial services for them should be attributed to a characteristic Japanese perception of animals. Japan is surrounded by the sea. Moreover, more than 70 percent of land is steep mountainous regions. Accordingly, people have been well-off with abundant natural food from the sea and the forest of The Temperate Zone. This geographical and climatic condition allowed people to hold a profound feeling of awe toward nature. Human and animals are all one in nature. Consequently, the Japanese have a strong rejection about killing animals. People lament the death of an animal. In the sixth century, Buddhism merged into the Japanese traditional religion and enhanced a rejection of killing animals. Most modern well-educated Japanese still have a sense of sin to kill animals in their deep psychology. Animal tombs and monuments seem to be a mediator between humans and dead animals. (11th International Conference on Human-Animal Interactions, 2007)

Fieldwork Study on Animal Tombs and Memorial Monuments in Japan

There are thousands of tombs and memorial monuments for animals in Japan. The construction of them was begun 9,000 years ago and this custom has continued till now. For the purpose of understanding Japanese perception of animals, 45 tombs and 120 monuments were investigated in the present fieldwork to determine the motivation for construction of them. The animal tomb is the place where special individual animal dead bodies were buried. On the other hand, no dead body was buried in the animal memorial monument; it is constructed as a memorial to the death of many and unspecified animals. The oldest tombs are those for hunting dogs and wild boar. The latest tombs are for pet animals. The animals in tombs are cattle, horses, dogs, cats, monkeys, wild boar, wolves, raccoon dogs, rats, swans, cranes, wild geese, sparrows, Japanese nightingales, water rails, whales, turtles, crabs, and so on. The oldest monuments are those for dolphins and whales. The latest monuments are for experimental animals, animals for food, and exhibition animals. There are many new monuments for those animals from university campuses, food industries, zoological parks and aquaria. Animals for memorial are cattle, horses, pigs, bears, deer, foxes, chickens, wild duck, cormorants, whales, dolphins, fur seals, sea lions, eels, tuna, salmon, bonito, angler, globefish, sweetfish, snakes, prawns, insects, and so on. The motivation for construction are classified into 10 groups: worship to animal relatives (e.g. snakes, fox, turtles) of deities, memorial of animals for food, memorial of animals for human use (e.g. exhibition, sport, transport, farming), memorial of sacrificed animals

〈写真協力〉
千葉市立加曽利貝塚博物館
釧路市埋蔵文化財調査センター
山梨県立考古博物館
東北歴史博物館

＊

本書は、論文「動物塚考Ⅰ」～「動物塚考Ⅴ」（文理シナジー学会『文理シナジー9』2005年、『文理シナジー10』2006年、『文理シナジー11』2007年）をもとに大幅に加筆、再構成しました。

＊

本文・カバー制作　板垣誠一郎

著者紹介

依田 賢太郎（よだ・けんたろう）

1939年山梨県生まれ。東京理科大学理学部応用化学科卒業。
京都大学工学博士。東洋紡績（株）総合研究所研究室長、同社研究総括部主幹、
東洋紡アメリカ（株）上席副社長、スタンフォード大学客員研究員などを経て、
1991年から東海大学開発工学部教授。専門は医用生体工学。

どうぶつのお墓をなぜつくるか

ペット埋葬の源流・動物塚

2007年7月30日　初版第1刷発行

著　者　依田賢太郎
発行者　松田健二
発行所　株式会社 社会評論社
〒113-0033　東京都文京区本郷2-3-10
電話　03-3814-3861　FAX　03-3818-2808
http://www.shahyo.com
本文・カバー・表紙印刷所　株式会社 技秀堂
製本所　東和製本株式会社